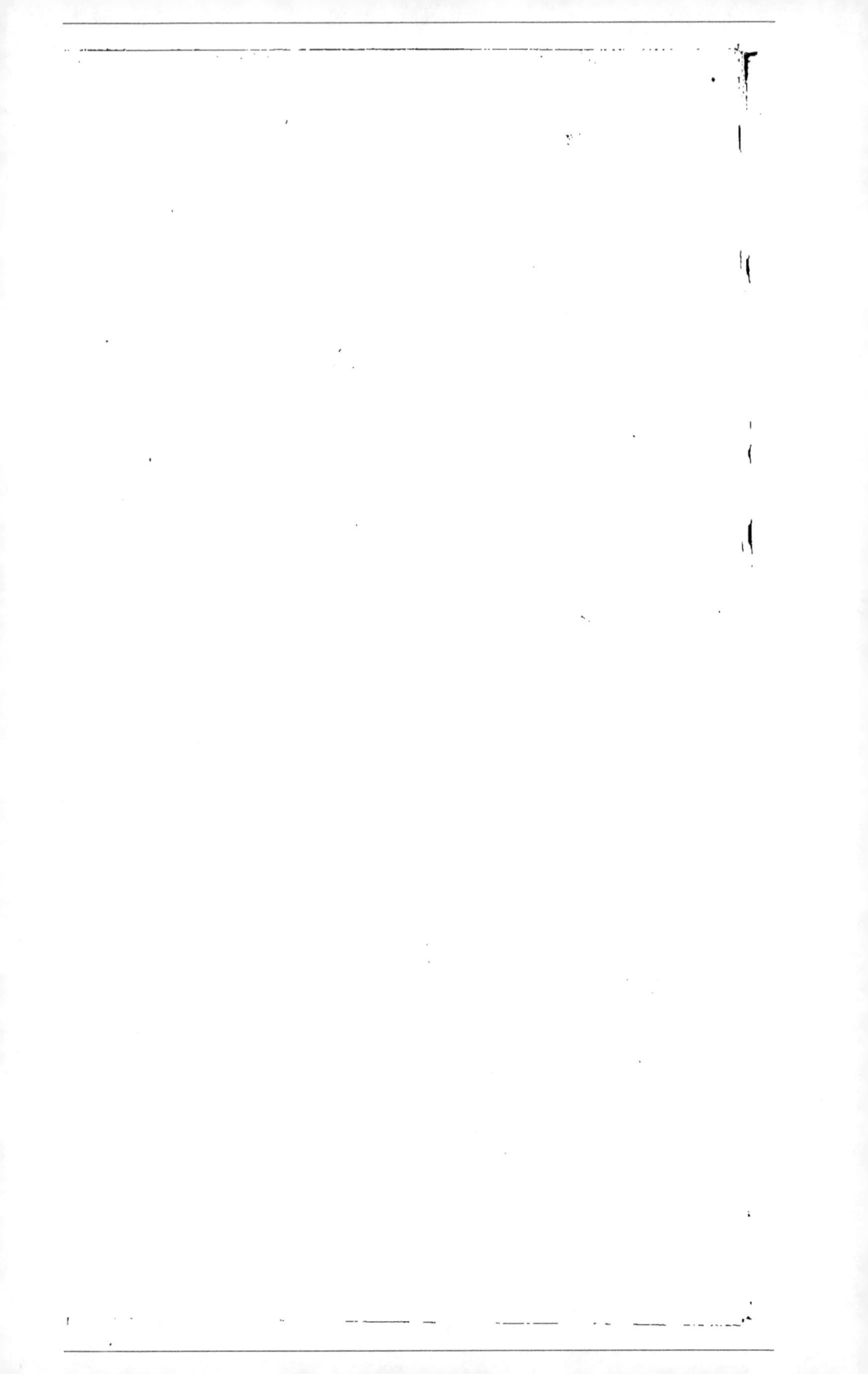

LES OCÉANOCRATES

ET

LEURS PARTISANS.

15 novembre 1812.

Se trouve à Paris

Chez { l'Auteur, rueNeuve-des-Petits-Champs, n°55.
{ P. Didot l'aîné, rue du Pont de Lodi, n° 6.
{ Delaunay, Palais-Royal, galeries de bois.

LES
OCÉANOCRATES

ET

LEURS PARTISANS,

ou

LA GUERRE AVEC LA RUSSIE

en 1812.

PAR M. WIDEMANN

(de Vienne en Autriche.)

PARIS.

IMPRIMERIE DE P. DIDOT L'AINE.

M. DCCCXII.

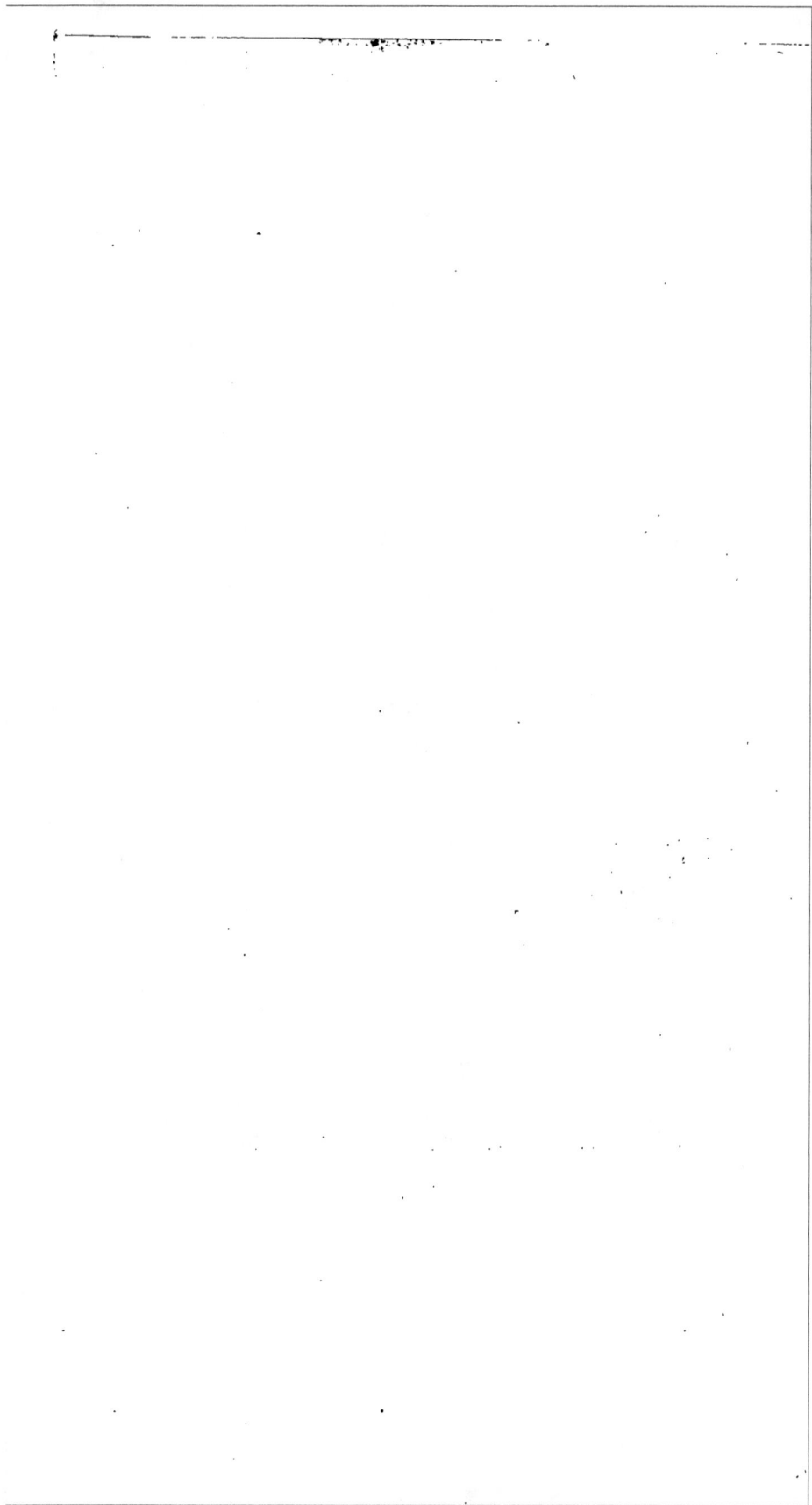

LES OCÉANOCRATES

ET LEURS PARTISANS,

ou

LA GUERRE AVEC LA RUSSIE

en 1812.

~~~~~~~~~~~~~~~~~~~~~~

Le Nord étoit encore plongé dans les ténèbres de la barbarie, que des siècles de gloire avoient déjà signalé l'ouest de l'Europe ; le nom des zaars moscovites étoit à peine connu des peuples limitrophes, que la France, l'Espagne, l'Italie et l'Allemagne s'étoient élancées dans cette carrière où les nations célèbres de l'antiquité avoient recueilli de si belles palmes ; et tandis que la France, par le charme de sa civilisation, la sagesse de ses lois, servoit de modèle aux contrées voisines, les Russes étoient encore assujettis par les Tartares de la Crimée à leur payer un honteux tribut.

Vingt-cinq lustres se sont à peine écoulés depuis leur affranchissement, que ces mêmes Russes prétendent aujourd'hui se rendre les arbitres du continent, en changer la face, et

1

renverser, « *dans une nouvelle journée de Pul-
tawa* » , l'édifice politique que tant de travaux
et de victoires ont consolidé ; apprendre enfin
à toutes les *nations*, « *que c'est dans les ukases
du sénat de Saint-Pétersbourg qu'elles doivent
désormais puiser leurs institutions.* »

De grandes prétentions devroient du moins
être justifiées par de grands exploits. L'histoire
des Russes en offre-t-elle des exemples dans
les journées d'Austerlitz et de Friedland ? dans
les transactions concernant un peuple divisé et
cruellement trompé ? ou bien dans le souvenir
des Huns et des Avares , qui se livrèrent jadis
à de semblables entreprises ?..... Les Russes
ont-ils fondé leurs prétentions sur cette civilisation factice , que quelques savans étrangers
ont cherché à leur donner, et qui s'étend à
peine hors de l'enceinte de leurs deux capitales?

Vainement chercheroit-on les titres qui
puissent non autoriser , du moins justifier un
semblable délire : ils n'ont jamais existé.

A défaut de ces titres, elle aura peut-être des
motifs qui l'auront déterminée à faire des armements : les Français auront sans doute dé-
celé l'intention d'abandonner leurs fertiles
contrées, et le beau ciel dont elles sont favo-
risées , pour aller s'établir dans les déserts

glacials de la Russie; mais une telle conjecture est démentie par l'histoire. Autrefois on a vu les peuples du Nord se porter vers le Sud, pour fuir les frimas de leurs forêts; mais il n'y a point d'exemple qu'un peuple méridional ait jamais songé à faire des conquêtes dans le Nord, à moins qu'il ne se vît obligé d'aller au devant des barbares pour les forcer de rentrer sur leur territoire.

La France, en particulier, n'avoit besoin, ni de nouvelles conquêtes pour assurer son indépendance, ni de nouvelles victoires pour faire oublier d'anciennes défaites; tout entière à l'exécution du plus vaste plan que le génie seul pouvoit concevoir, *de rendre à l'Europe opprimée la liberté des mers, l'indépendance de son industrie, et le bonheur qui en deviendra nécessairement la suite,* elle ne pouvoit penser à reculer par une nouvelle guerre ce but si désirable, et que tout annonçoit n'être pas éloigné. L'Europe, après tant de troubles excités par la perfidie de l'Angleterre, alloit enfin goûter le repos, et ce repos sembloit d'autant plus assuré, que la Russie même, dès la paix de Tilsit, avoit accédé au système politique de la France. L'empereur Alexandre, convaincu qu'en prenant les armes contre les Français, il n'avoit fait que sacrifier la population de ses états à l'avidité de la Grande-Bretagne, sans aucun avantage réel pour lui, fit alors la promesse « d'adopter sans réserve le plan sagement com- « biné pour soustraire le continent à l'influence « de l'Angleterre, et pour ramener cette puis- « sance à des principes plus conformes aux « droits des nations ». Il fit plus : il offrit sa médiation au gouvernement anglais, et s'en- gagea, « si ce gouvernement ne consentoit à « conclure la paix en reconnaissant que les « pavillons de toutes les puissances doivent « jouir d'une égale et parfaite indépendance « sur les mers, à faire cause commune avec la « France, à sommer, de concert avec elle, les « trois cours de Copenhague, de Stockholm « et de Lisbonne, de fermer leurs ports aux « Anglais, et de déclarer la guerre à l'An- « gleterre, et à insister avec force auprès des « puissances pour qu'elles adoptent les mêmes « principes ». (*Moniteur, 8 juillet* 1812.)

La Russie ne s'arrêta pas à cette promesse, en déclarant la guerre à l'Angleterre « elle « proclama de nouveau les principes de la neu- « tralité armée, et s'engagea à ne déroger ja- « mais à ce système. »

Enfin, lors de l'entrevue d'Erfurt, « les

« deux empereurs se mirent d'accord sur ce
« qu'exigeoient d'eux les changements surve-
« nus en Europe depuis la paix de Tilsit ; pé-
« nétrés du même desir du rétablissement de
« la paix maritime , et alors aussi fermement
« attachés qu'à Tilsit à la défense des prin-
« cipes pour lesquels ils s'étoient unis, réso-
« lurent de faire en commun une démarche
« solennelle auprès de l'Angleterre.... Mais le
« cabinet de Londres , qui entrevoyoit qu'une
« guerre alloit se rallumer sur le continent,
« repoussa toute négociation. »

Cette guerre, que le ministère britannique
avoit prévue , peut-être suscitée, éclata enfin.
La Russie devoit y figurer comme alliée de la
France. On sait quel en fut le résultat ; les
aigles de l'empereur des Français et celles de
l'empereur d'Autriche furent réunies , et les
flambeaux de l'hyménée remplacèrent les tor-
ches de la discorde. L'Europe ressembloit à
une seule famille animée par les mêmes intérêts. On ne pouvoit entrevoir aucune raison
qui rompît cette harmonie, encore moins pré-
voir que la Russie changeroit de système ; tout
faisoit présager l'issue heureuse de la lutte
contre les Océanocrates , aussi isolés par la
politique actuelle des peuples continentaux,

qu'ils le sont sur l'océan où l'accès de nos côtes leur est défendu.

Comment pouvoir expliquer cette inconséquence de la Russie, qui d'alliée de la France devient tout à-coup son ennemie ? La cupidité l'auroit-elle portée à vendre ses armées à l'Angleterre pour grossir ses trésors aux dépens de l'humanité ? Et si cette idée qui révolte ne pouvoit être admise, auroit-elle pu croire que la partie de la Pologne, acquise sur le roi de Prusse par le traité de Tilsit, n'étoit pas un dédommagement suffisant pour ce qu'elle avoit fait en faveur de ce souverain ; ou bien que cet autre morceau de la Pologne, obtenu par le traité de Vienne, ne pouvoit pas être regardé comme une récompense des services qu'elle avoit rendus à la France en 1809 (1) ?

Peut-être les griefs dont se plaint la Russie, sont-ils consignés dans la proclamation qu'elle a récemment publiée, et que nous croyons devoir rapporter ici.

Wilna, le 13 (25) juin 1812.

« Depuis long-temps déjà nous avions remarqué de la part de l'empereur des Français des procédés inamicals envers la Russie ; mais nous avions toujours espéré de les éloigner

« par des moyens conciliants et pacifiques.
« Enfin , voyant le renouvellement continuel
« d'offenses évidentes , malgré notre desir de
« conserver la tranquillité , nous avons été
« contraints de compléter et de rassembler nos
« armées. Mais alors encore nous nous flattions
« de parvenir à une réconciliation , en restant
« aux frontières de notre empire , sans violer
« l'état de paix , et étant seulement prêts à
« nous défendre. Tous ces moyens conciliants
« et pacifiques ne purent conserver le repos
« que nous desirions. L'empereur des Fran-
« çais, en attaquant subitement notre armée à
« Kowno , a le premier déclaré la guerre. Ainsi ,
« voyant que rien ne peut le rendre accessible
« au desir de conserver la paix , il ne nous
« reste plus , en invoquant à notre secours le
« Tout - Puissant, témoin et défenseur de la
« vérité, qu'à opposer nos forces aux forces
« de l'ennemi. Il ne m'est pas nécessaire de
« rappeler aux commandants, aux chefs de
« corps et aux soldats leur devoir et leur bra-
« voure ; le sang des valeureux Slavons coule
« dans leurs veines. Guerriers, vous défendez
« la religion , la patrie et la liberté. Je suis
« avec vous. Dieu est contre l'agresseur. »

Signé ALEXANDRE.

On sera sans doute étonné de ne pas voir dans cette proclamation un seul grief indiqué. A la vérité, le cabinet russe n'a jamais employé cette politique franche, digne d'un gouvernement libéral, lequel aime à instruire son peuple des événements qui le concernent, en lui communiquant même les pièces publiées par son ennemi pour justifier ses démarches; mais les conseillers de la cour de Saint-Pétersbourg n'auroient pas certainement dérogé à leur dignité, si du moins ils eussent donné des phrases moins vagues. Vous parlez, leur dira le continent, « *des moyens conciliateurs et pacifiques* que vous n'avez cessé d'employer pour éloigner les procédés inamicals de l'empereur de France »; mais avez-vous donc pensé que rien n'étoit plus conciliant et plus pacifique que la demande faite par votre ambassadeur *comme première base de toute négociation*, « d'évacuer les places fortes de la Prusse, de » diminuer la garnison de Danzik, et d'éva- « cuer la Poméranie suédoise »? (Note du prince Kourakin au ministre des relations extérieures, du 18 (30) avril 1812.) Du moins, il faut avouer que, pour faire cette demande, vous avez choisi le moment convenable, celui où vos armées menaçoient déjà les frontières de ces pays.

Vous ajoutez que, « voyant *le renouvelle-ment continuel d'offenses, vous avez été con-traints de rassembler vos armées* ». Quels sont donc ces offenses ? Pourquoi, puisque vous trouviez l'occasion de les faire connoître, ne les indiquez-vous pas ? Le Nord, depuis deux ans, est témoin des travaux immenses que vous avez fait exécuter aux retranchements de Dunabourg et de Drissa ; ces travaux ne sont-ils pas la preuve que c'est *vous* qui méditiez depuis long-temps des offenses ? Vous sou-tenez « *que la Russie, voulant conserver la paix, se préparoit seulement à se défendre* ». Soyez de bonne foi, et convenez que ce n'étoit pas là le motif de votre système défensif : mais voyant que vous étiez battus toutes les fois que vous franchissiez vos frontières, ne sa-chant ni vous concilier l'esprit des habitants où vous portiez le fléau de la guerre, ni pour-voir à votre subsistance chez l'étranger, ni assurer vos retraites en cas de revers, vous avez embrassé le plan d'attirer l'armée fran-çaise au milieu de vos forêts, dans l'espérance que leur âpreté suppléeroit à ce qui vous

manque de génie militaire. Vous dites encore
« que l'empereur des Français , en attaquant
votre armée à Kowno, a déclaré la guerre le premier »; mais , d'après vos principes, on pourroit impunément insulter son adversaire , et
se disculper du reproche d'agression , pourvu
qu'on ne tire pas le premier l'épée. Un tel
stratagême ne peut en imposer; il est d'ailleurs
proscrit par la saine politique. Enfin , en faisant un appel « à la valeur des Slaves » , ne
leur rappelez-vous pas leur ancienne liberté?
Oui, les Slaves étoient braves lorsqu'ils étoient
libres; aujourd'hui qu'ils sont devenus vos
esclaves , quel résultat pouvez-vous attendre
de cette sanglante raillerie que vous leur faites?

Votre proclamation ne tend donc qu'à couvrir d'un voile assez mince vos manœuvres
clandestines; elle ne justifie pas vos longs préparatifs de guerre, puisqu'elle ne présente pas
même le moindre aperçu des torts que vous
attribuez a la France : recourons pour les connoître aux notes officielles de vos ministres.
En effet, on y trouve différents prétextes al-
légués , lesquels méritent d'être examinés.
Comme il est impossible de résumer ces prétendus griefs avec plus de clarté que la note
du 25 avril 1812 , envoyée par S. Exc. le ministre

des relations extérieures à M. le comte de Romanzow, chancelier de Russie, nous croyons devoir en copier le passage qui y a rapport.

Après avoir démontré le desir que la France n'a cessé de manifester, « d'ouvrir une négo-« ciation sur des différends qui pouvoient se « terminer facilement, et qui n'étoient pas de « nature à exiger l'effusion du sang », le mi-nistre ajoute :

« Les différends se réduisoient aux quatre « points suivants :

« 1°. L'existence du duché de Varsovie, qui « avoit été une condition de la paix de Tilsit, « et qui, dès la fin de 1809, donna lieu à la « Russie de manifester des défiances auxquelles « S. M. répondit par une condescendance por-« tée aussi loin que l'amitié la plus exigeante « pouvoit le desirer, et que l'honneur pouvoit « le permettre ;

« 2°. La réunion du duché d'Oldenbourg, « que la guerre contre l'Angleterre avoit né-« cessitée, et qui étoit dans l'esprit de la paix « de Tilsit ;

« 3°. La législation sur le commerce des mar-« chandises anglaises et les bâtiments déna-« tionalisés, qui devoit être réglée par l'esprit « et les termes du traité de Tilsit ;

« 4°. Enfin la disposition de l'ukase de dé-
« cembre 1810 , qui , en détruisant toutes les
« relations commerciales de la France avec la
« Russie , et en ouvrant les ports aux pavillons
« simulés chargés de propriétés anglaises, étoit
« contraire à la lettre du traité de Tilsit : tels
« devoient être les objets de la négociation.

« Quant à ce qui regardoit le duché de Var-
« sovie, S. M. s'empressoit d'adopter une con-
« vention par laquelle elle s'engageoit à ne
« favoriser aucune entreprise qui tendroit di-
« rectement ou indirectement au rétablisse-
« ment de la Pologne.

« Quant à l'Oldenbourg , elle acceptoit l'in-
« tervention de la Russie , qui cependant n'a-
« voit aucun droit de s'immiscer dans ce qui
« concernoit un prince de la confédération du
« Rhin , et elle consentoit à donner une in-
« demnité à ce prince.

« Quant au commerce des marchandises
« anglaises et aux bâtiments dénationalisés,
« S. M. demandoit à s'entendre pour concilier
« les besoins de la Russie avec les principes
« du système continental, et l'esprit du traité
« de Tilsit.

« Enfin, quant à l'ukase, S. M. consentoit
« à conclure un traité de commerce, qui, en

« assurant les relations commerciales de la
« France garanties par le traité de Tilsit, mé-
« nageoit tous les intérêts de la Russie.

   « L'empereur se flattoit que des dispositions
« dictées par un esprit de conciliation aussi ma-
« nifeste amèneroient enfin un arrangement ;
« mais il fut impossible d'obtenir de la Russie
« qu'elle donnât des pouvoirs pour ouvrir une
« négociation. Elle répondit constamment aux
« nouvelles ouvertures qui lui étoient faites,
« par de nouveaux armements, et l'on fut
« forcé de comprendre enfin qu'elle refusoit
« de s'expliquer, parce qu'elle n'avoit à pro-
« poser que des choses qu'elle n'osoit point
« énoncer, et qui ne pouvoient pas être accor-
« dées ; *que ce n'étoient pas des stipulations*
« qui, en identifiant davantage le duché de
« Varsovie à la Saxe, en le mettant à l'abri
« des mouvements qui pouvoient inquiéter la
« Russie sur la tranquillité de ses provinces,
« *qu'elle desiroit obtenir*, mais le *duché même*
« *qu'elle vouloit réunir*; que ce n'étoit pas *son*
« *commerce*, mais *celui des Anglais qu'elle*
« *vouloit favoriser*, pour soustraire l'Angleterre
« à la catastrophe qui la menaçoit ; que ce
« n'étoit pas pour les intérêts du duc d'Olden-
« bourg que la Russie vouloit intervenir dans

« l'affaire de la réunion, mais que c'étoit une
« querelle ouverte contre la France, qu'elle
« vouloit tenir en réserve pour le moment de
« la rupture qu'elle préparoit. »

Nous commençons donc à connoître les véritables motifs de la guerre actuelle, dont le
premier étoit *l'établissement du duché de Var-*
sovie, qui, garanti par la France, opposoit
une forte barrière aux progrès ultérieurs du
colosse boréal (2).

Un ministère éclairé auroit probablement
consenti à n'être entouré que d'états du troisième ordre, plutôt que de l'être par des états
supérieurs, comme le fut la Prusse en 1806.
Le cabinet de Saint-Pétersbourg n'étoit pas de
cet avis : constant dans la politique qu'il dé-
ploie depuis un demi-siècle, comment pou-
voit-il supporter l'idée qu'il ne lui seroit plus
permis d'empiéter sur le territoire polonais,
ni comme protecteur, ni comme allié, ni
comme ennemi? Il lui paroissoit donc urgent
d'enlever, à quelque prix que ce fût, le duché de Varsovie ; comme un prétexte étoit indispensable pour justifier son dessein, il prit
celui de la réunion du duché d'Oldenbourg au
grand empire.

L'absurdité de ce prétexte est évidente.

Demander une indemnité de quatre millions
d'habitants pour un état qui en renferme à
peine 160,000 , n'est-ce pas prouver qu'on ne
veut point entendre parler d'arrangement ?
refuser des pouvoirs pour ouvrir une négociation jusqu'à ce que les armées françaises
aient repassé l'Elbe , n'est-ce pas déceler la
crainte que le maintien de la paix ne soit la
suite de propositions moins exagérées? afficher
enfin d'une manière ostensible des projets hostiles dont on ne veut pas se départir , n'est-ce
pas démontrer que l'Europe ne sera à l'abri
de migrations des peuples septentrionaux que
lorsqu'un génie tutélaire et puissant leur
aura , par le rétablissement du royaume de
Pologne , opposé un boulevard inexpugnable?
Les hordes de l'Asie, ayant beaucoup de besoins et peu de ressources , éprouvent toujours un penchant irrésistible à s'approprier
des pays où un climat plus tempéré , un sol
plus fertile, accordent cette vie et cette énergie
intérieures qu'elles ne peuvent espérer dans
leurs contrées.

Le second et peut-être le plus fort motif des
Russes pour faire la guerre , est le desir *de
conserver,* malgré leurs promesses solennelles ,
le gain honteux qu'ils retirent en favorisant le

commerce *des Anglais avec une partie du conti-*
nent. C'est surtout ce motif qui , depuis l'ukase
du 19 décembre 1810, leur a dicté la conduite
anti-sociale et hostile qui a provoqué la guerre.
Développer ce motif , examiner cette conduite , tel est le but que nous nous sommes
proposé ; mais auparavant il ne sera pas inutile de nous arrêter un instant sur *la tyrannie*
commerciale et maritime de l'Angleterre. Cette
courte digression ne servira qu'à faire apprécier et le cabinet qui prend aujourd'hui la
défense de cette tyrannie , et le génie libéral
qui veut l'anéantir.

La France , le Portugal , la Hollande et les
villes anséatiques partageoient le commerce
des mers atlantiques, que les Anglais n'a-
voient encore aucune idée industrielle. Des
pêcheurs du Holstein furent chez eux les premiers harponneurs ; des réfugiés de la Bel-
gique y établirent les premières manufactures
de drap ; un Hollandais leur enseigna l'art de
le teindre ; c'est aux Italiens qu'ils doivent les
premiers métiers à soie , à un Français celui
à bas , aux Suédois les fabriques d'acier. Cependant, jusqu'au règne d'Elisabeth leurs éta-
blissements étoient à peine remarqués ; cette
princesse fit les plus grands sacrifices pour les

rendre florissants. Cromwel sut ensuite leur
donner plus d'énergie par ce fameux acte de
navigation publié en 1651 , lequel défendoit
aux étrangers d'importer en Angleterre d'autres productions que celles de leur propre sol.
Son but étoit d'anéantir le commerce de la
Hollande , entièrement nuisible à l'industrie
naissante de son pays (3) ; mais les Hollandais
cherchèrent à parer le coup funeste dont ils
étoient menacés , en obtenant , à la paix de
Breda en 1667 , que cet acte ne seroit pas
étendu aux productions qui arriveroient sur
le Rhin dans leur pays , et qu'on ne pourroit
même les empêcher d'importer des munitions
de guerre dans les ports des ennemis de l'Angleterre. Cet acte de navigation n'auroit donc
pas eu certainement tous les effets qu'il a eus,
si la nation anglaise , encouragée par l'avantage
d'une position insulaire , et plus encore par
l'insouciance des cabinets de l'Europe , à pré-
tendre au *commerce du monde ,* n'eût trouvé
dans Guillaume III un chef , qui lui apprît
que , pour s'en emparer, il falloit avant tout se
procurer une influence décidée sur les affaires
du continent.

Formé dans une république que son exiguité
géographique obligeoit d'appuyer sa politique

2

de toutes les ressources que présentoit le
commerce, Guillaume avoit plus de finesse
que de profondeur dans ses vues; il possé-
doit plus l'esprit d'intrigue que l'ascendant
d'une politique franche et libérale. Il croyoit
que, pour captiver l'attachement d'un peuple
aussi turbulent que celui de l'Angleterre,
il falloit lui donner un but, lequel, flattant
à la fois son amour-propre et son intérêt,
absorberoit en même tems son activité. Il
falloit surtout prévenir ces orages révolu-
tionnaires dont ses prédécesseurs avoient souvent été les victimes. La rivalité commerciale
qui s'étoit élevée depuis quelque temps entre
les Anglais et les Français, lui en donna les
moyens : persuader à ses sujets qu'ils obtien-
droient la prépondérance dans cette lutte, s'il
parvenoit à les rendre les arbitres de l'Europe,
c'étoit réellement détourner leur attention des
atteintes qu'il cherchoit à porter à leur déma-
gogie ; mais, trop foible pour exécuter seul
un plan aussi gigantesque, il imagina un prétexte capable d'intéresser en sa faveur les puissances du continent. Il mit donc en avant
la fameuse idée *de la liberté de l'Europe;* en
conséquence, il insinua aux cours étrangères
que la Grande-Bretagne surveilleroit *l'équi-*

libre politique des états, comme étant le seul
moyen de conserver leur liberté.

Il est impossible de trouver une idée plus
fausse que celle de *l'équilibre politique des
états;* contraire aux lois de la physique, l'expé-
rience en a démontré l'absurdité. L'équilibre
parfait ne peut exister qu'autant que chacune
des puissances n'a point de prépondérance, et
qu'elles n'ont entre elles ni action ni réaction.
Or, un semblable état, annonçant un repos
absolu, ne peut exister dans la nature, puisque
la mort elle-même est un état d'action, de destruction. Ces vérités physiques s'appliquent
également à la politique. Supposons que pendant un siècle chaque peuple se fût strictement
renfermé dans ses limites sans chercher à les
étendre; malgré l'harmonie qui doit résulter
de cette situation pacifique, l'équilibre politique n'en sera pas moins dérangé après quelques lustres, parce que, parmi ces nations,
il s'en trouvera toujours une laquelle se sera
rendue supérieure par ses connoissances et ses
lumières, et qui, par cette raison, aura acquis
une force morale et une prépondérance d'autant plus assurée, qu'elle n'aura été que l'effet
du génie. En admettant le système de l'Angleterre, il faudroit envahir cet état, défendre

à ses habitants d'exercer les facultés que la nature leur a données, détruire ses fabriques, circonscrire son industrie, en un mot le faire rétrograder jusqu'à ce qu'il soit revenu au point d'où il étoit parti.

Que les Anglais prennent garde qu'un jour le continent, avec plus de raison, ne tourne ce principe contre eux. Au reste, ils ne tiennent à cet équilibre qu'autant qu'il favorise leurs intérêts, et s'en écartent aussitôt qu'un plus grand avantage leur est offert ; c'est ainsi qu'ils ont permis le partage de la Pologne, et suggéré aux puissances européennes, en 1792, celui de la France. Il est difficile de concevoir comment des écrivains renommés ont pu regarder cette idée comme le palladium du bonheur social, et des peuples y trouver l'appui de leur indépendance, tandis que ceux-ci ne pouvoient ni régler leur commerce, ni faire la guerre ou la paix qu'au gré du cabinet de Londres, qui leur laissoit en récompense la faculté de prôner la liberté émanant de ce système. Cependant, à l'époque dont nous parlons, il fut saisi avec empressement et par les Anglais et par les puissances continentales ; ces dernières comptèrent dès-lors sur l'Angleterre dans toutes les guerres où elles pouvoient risquer d'avoir le dessous, comme sur une protectrice assurée , qui ne souffriroit pas que l'équilibre européen fût dérange par leur affoiblissement. De leur côté, les Anglais entrevirent que chaque guerre leur fourniroit l'occasion d'étendre , avec leurs entreprises commerciales , leurs usurpations maritimes , et qu'ils seroient les maîtres de les faire ratifier par les traités subséquents, dans lesquels ils interviendroient en leur qualité d'arbitres. Dès le moment où ils avoient fait cette remarque , leur politique devint entièrement commerciale , ou ce qui revient au même , leur commerce devint le pivot de leur politique. Ils adoptèrent donc, sans hésiter , les desseins guerriers de Guillaume, lui prodiguèrent les revenus , créèrent de nouvelles taxes , et lui permirent de faire des emprunts considérables.

Ainsi ce prince fut le premier qui donna aux Anglais les moyens de se rendre les maîtres du commerce du monde et de l'océan , en faisant valoir ce fantôme de l'équilibre politique ; ils comprirent qu'il suffiroit de proclamer la liberté de l'Europe en danger, pour exciter la guerre contre la nation qui nuiroit à leurs intérêts par les progrès de son industrie ou de son commerce. Dès ce moment chaque déclaration d'hostilités sur le continent devint une fête nationale pour eux : à l'abri dans leurs îles des attaques imprévues, le résultat des guerres qu'ils avoient suscitées leur devenoit étranger ; il leur suffisoit de mettre les peuples aux prises, assurés de gagner, quel que fût le vainqueur ou le vaincu. Etoit-ce l'ennemi qui succomboit, ils usoient des droits de la victoire ; étoit-ce un allié, ils héritoient de sa flotte ou de ses colonies ; la paix succédoit-elle à ces combats, ils trouvoient toujours moyen, par les nouveaux traités, d'étendre leur commerce et leurs prétentions maritimes.

Mais si Guillaume, par l'opposition qu'il a organisée contre la France, a ouvert aux Anglais la carrière immense qu'ils ont parcourue, il a également creusé l'abîme qui doit les engloutir. *Le système des emprunts* qu'il a créé pour subvenir aux frais de son entreprise, est parvenu à un tel point, que pour le soutenir, le parti dominant dans le cabinet anglais croit avoir besoin de guerre, par la raison que les négociants ne peuvent continuer à remplir ces emprunts énormes (4) qu'autant qu'ils continueront de jouir du commerce universel : or, ils ne peuvent espérer d'en jouir qu'en temps de guerre ; car dès le moment que la paix les forcera d'y laisser participer les autres nations, particulièrement la France, ils n'en pourront plus retirer les profits considérables qui leur permettent de fournir à ces emprunts. La guerre paroît donc nécessaire à ce parti, comme le seul moyen de faire marcher cette machine politique, qu'il ne soutient qu'à l'aide des emprunts. Cette fatale nécessité l'oblige à perpétuer les querelles sur le continent, et à y intervenir, non pour les faire cesser, mais pour les rendre plus sanglantes encore : triste sort d'une nation qui, pour prolonger son existence, est obligée, comme les peuples sauvages, d'avoir recours à la destruction ! Elle se voue par cette tendance anti-sociale à l'exécration de l'univers ; tous les peuples se trouvent obligés (et leur sûreté l'exige) de se réunir pour exterminer ce monstre politique.

Ainsi, dans la vie privée comme dans celle particulière, une trop grande avidité suggère des spéculations exorbitantes, lesquelles entraînent dans des dépenses qui surpassent les forces naturelles de ceux qui les entreprennent, et finissent par amener la chûte de l'état, comme chez le particulier la ruine de sa famille.

Telle a été la marche de la politique commerciale des Anglais. Il reste maintenant à indiquer une partie des vexations qu'ils n'ont cessé
de faire supporter aux Européens, particulièrement aux neutres, pour établir une sorte de
suprématie sur la mer, qui est inséparable du
monopole mercantile : aussi voyons-nous l'un
et l'autre se tendre une main secourable.

Il ne peut être ici question des lois qui dé-
fendent l'importation des marchandises étran-
geres en Angleterre ; chaque nation a le droit
de les prohiber, lorsqu'elle pense qu'elles sont
nuisibles à l'industrie indigène ; mais aucune
n'a celui d'interdire aux neutres le commerce
avec son ennemi, ni de les obliger à ne faire
leurs provisions que dans les lieux qu'elle leur
aura indiqués. C'est cependant ce droit que
les Anglais se sont arrogé depuis plus d'un
siècle, ainsi que nous allons le développer.

C'est de la guerre de 1689 à 1697 que date
la promulgation des premières défenses que
le gouvernement anglais fit de tout commerce
avec la France, lesquelles s'étendirent non
seulement à ses propres sujets, mais encore
aux étrangers (acte du 22 août 1689); elles
furent alors si peu appréciées, qu'on ne songea
pas même à y pourvoir à la paix de Riswick

en 1697. La guerre de la succession d'Espagne
les fit renouveler, et ouvrit enfin les yeux
aux souverains du continent ; ils commen-
cèrent à prendre l'alarme, et songèrent sérieusement à y mettre des bornes par le traité
d'Utrecht en 1713, où les premières bases du
droit de navigation furent établies, adoptées
par toutes les nations européennes, et con-
firmées par tous les traités qui ont été faits
depuis (5).

Par un reste de générosité, les Anglais sous-
crivirent à ce traité de navigation ; mais ils
ne tardèrent pas à s'en repentir, et cherchèrent à se dédommager par des traités de
commerce particuliers qu'ils conclurent dans
la suite avec plusieurs puissances maritimes.
Le parlement d'Angleterre refusa même d'en
ratifier les articles 8 et 9 comme étant défa-
vorables au commerce britannique.

Poursuivant toujours avec la même ardeur
son double but de s'emparer du commerce du
monde et de la souveraineté des mers (préten-
tion portée à un tel excès, qu'un des orateurs
anglais eut la hardiesse de dire qu'il ne devoit
pas être permis aux bâtimens étrangers de
tirer un seul coup de canon sur l'océan sans
la permission de la chambre des communes),

l'Angleterre se crut autorisée à se départir d'un concordat basé sur les principes de la justice la plus sévère, et à tout tenter pour détruire le négoce, les flottes et les colonies de la France, dont elle redoutoit la rivalité. Pour y parvenir, elle entreprit plusieurs guerres, notamment celle de 1756, où, pour la première fois (par le *rule of* 1756) elle intima aux neutres la défense de commercer avec les colonies de son antagoniste, sous le prétexte qu'ils n'avoient pas ce droit en temps de paix ; elle captura, et déclara de bonne prise les vaisseaux neutres, même ceux chargés de denrées coloniales devenues propriétés neutres, lorsqu'elles étoient dirigées sur un port français.

Dans la guerre de l'indépendance américaine, les usurpations maritimes de la Grande-Bretagne sur les neutres acquirent une telle étendue, que les puissances du Nord ne virent d'autre moyen d'y mettre un terme que d'établir (en 1780) une convention de *neutralité armée*. On adopta de-nouveau les principes consacrés par le traité d'Utrecht, *que le pavillon couvre la marchandise ; que les vaisseaux peuvent aller d'un port ennemi à un port ennemi ; que la visite des bâtiments neutres convoyés est un acte d'hostilité, et que chaque violation du droit des neutres est une offense contre toutes les nations civilisées.* Cet acte de neutralité armée a été, depuis le traité d'Utrecht, le seul trait d'énergie que le dix-huitième siècle ait opposé au despotisme mercantille des Anglais. C'est encore à l'instigation de la France que l'Europe en fut redevable, comme elle l'avoit déjà été du traité de 1713.

Les obstacles apportés à l'exécution des projets arbitraires de l'Angleterre ne firent que redoubler son activité, pour chercher à les réaliser de plus en plus. Dès qu'elle entrevoyoit la possibilité d'étendre la moindre de ses prétentions, ou que la situation critique de ses finances l'obligeoit de faire ce qu'elle appelle *un grand coup*, elle fondoit sur les neutres au moment qu'ils s'attendoient le moins à une agression. Enlever leurs gallions, surprendre leurs colonies, ravager leurs ports, bombarder leurs villes, incendier leurs chantiers; et leurs vaisseaux navigant sur la foi des traités, arrêtés, confisqués et vendus sans qu'aucune déclaration préalable eût été notifiée à la puissance qui devoit être leur victime, tout sembloit lui être permis (6).

La Grande-Bretagne sentit qu'elle ne pouvoit se dispenser de colorer de quelques prétextes ses usurpations : ne pouvant en trouver
de spécieux, elle construisit cet échafaudage
d'ordres du conseil, qui, en partant du *rule
of* 1756 (règle de la guerre) comme d'une
base commune, constituent l'enchaînement
de ce qu'elle appelle son *code maritime.* Il est
curieux de voir comment ils se sont dévelop-
pés les uns des autres. D'abord, le règlement
de 1756 ne portoit ses défenses que sur le commerce des denrées coloniales, fait par les
neutres entre les colonies françaises et la mère-
patrie. En juin 1793, elles furent étendues
sur le commerce des vivres destinées pour la
France; car Pitt avoit conçu le projet d'affa-
mer cet empire (7). En 1795, le même réglement fut appliqué au commerce que les Etats-
Unis faisoient avec les colonies françaises,
espagnoles, et avec celles des autres ennemis
de la Grande-Bretagne; il fut déclaré illégal,
sous prétexte qu'il n'étoit permis à aucune
nation d'adoucir le sort des colonies qui appartiennent aux puissances avec lesquelles
l'Angleterre se trouvoit en guerre. Cette pré-
tention d'autant plus injuste, que l'Angleterre,
malgré qu'elle fût aussi partie belligérante,

permettoit le commerce avec ses propres colonies, fut, par l'ordre du 24 juin 1803, sur
les remontrances des Américains, abandonnée
pendant quelque temps (8); mais elle a été re-
nouvelée avec encore plus d'arrogance par le
réglement du 17 août 1805, qui défendit de
nouveau aux neutres non seulement le commerce intermédiaire entre les colonies et l'Europe, mais aussi tout commerce *pour leur
propre compte*, avec toute colonie qui ne
seroit pas sujette de l'Angleterre.

Cependant, comme il étoit impossible de
surveiller tous les ports et toutes les côtes de
la France et de ses colonies, les neutres abor-
dèrent ceux dont l'accès n'étoit pas défendu
par des vaisseaux anglais; cette circonstance
irrita la Grande-Bretagne, et fit naître la déclaration du 16 mai 1806, qui mit *en état de
blocus* (par un trait de plume) *toute la France
et les pays qui se trouvoient sous son influence.*
Craignant que cette dernière expression qui,
à la vérité, est un peu vague, ne laissât point
de subterfuge aux neutres, le conseil anglais
s'empressa, par son ordre du 7 janvier 1807,
de déclarer « qu'il entend exclure les puis-
« sances neutres de la faculté de faire le com-
« merce entre les ports de France et ceux de

« ses alliés avec aucun.autre pays quoique
« neutre, avec lequel l'Angleterre ne pourroit
« librement commercer ». L'ordre du 12 mars
1807 enfin y ajoutoit encore « l'interdiction
« du commerce d'un port de France à un autre
« port de France. »

La tyrannie anglaise ne pouvoit s'étendre
plus loin. Le coup porta non seulement sur
le commerce intermédiaire que les neutres
faisoient pour le compte de la France entre
la France et les neutres, mais il frappa aussi
le commerce qu'un neutre faisoit *pour son
compte* entre les différents ports de la France
ou avec un autre neutre qui avoit mis des
restrictions au commerce anglais.

La crainte que ces déclarations donnèrent
aux neutres anéantit à la vérité leur commerce
avec la France et les pays qui avoient adopté
son système ; mais, par contre-coup, elles re-
jaillirent sur l'Angleterre, laquelle vit cesser l'é-
coulement de ses propres marchandises, soit
comme articles de retour, soit comme objets
de luxe. Les neutres qui voyoient diminuer
leurs ventes, devoient, proportion gardée, se
restreindre dans leurs achats ; ils se trouvoient
déja gênés dans leur commerce avec l'Angleterre même, par le décret de Berlin du

21 novembre 1806, qui, par représailles, avoit déclaré en état de blocus les îles britanniques.

C'est ainsi que d'injustes mesures réagissent toujours sur ceux qui les emploient. Les Anglais cherchèrent à réparer ce mal par les arrêts du conseil du 11 et 25 novembre 1807, qui, tout en confirmant les ordres précédents, rendoient aux navires neutres la faculté *de charger des marchandises non défendues*, sous la condition de relâcher dans un des ports anglais, *quelle que fût leur destination*, et d'y payer un droit pour obtenir la permission de continuer leur route. Les Anglais supposant sans doute que la France, satisfaite de commercer avec les neutres sous quelque condition que ce fût, recevroit sans difficulté les vaisseaux revenant d'Angleterre, espéroient de cette mesure les plus grands avantages ; ils sembloient par là rendre aux neutres une certaine activité mercantille, tandis que dans le fait ils ne tendoient qu'à faire des îles britanniques le centre et l'entrepôt général du commerce de l'Europe, comme ils avoient fait pour l'Amérique de leurs ports dans les Indes occidentales par le réglement du 17 août 1805, qui obligeoit les Américains d'y faire exclusivement leurs provisions de denrées co-

Ioniales, au lieu de les acheter des colons français ou espagnols.

Malheureusement pour l'Angleterre, tous ces avantages dont elle s'étoit bercée, furent éludés par le décret énergique de Milan du 17 décembre 1807, qui défendit de recevoir dans les ports tout vaisseau qui se soumettroit à la honteuse loi imposée par les Anglais. Cette défense, que ceux-ci ne prévoyoient pas, leur fit ressentir de nouveau les inconvénients de leurs prétentions démesurées. L'embarras où se trouva le ministère britannique lui fit prendre un parti qui ne prouve que trop l'extrémité à laquelle il étoit réduit. Il remplaça les ordres de novembre 1807 par celui du 26 avril 1809, qui, en bornant les différents ordres de blocus, portés jusqu'à ce jour, aux ports de la France, de la Hollande, et à ceux du royaume d'Italie, rabattoit déjà beaucoup sur ses prétentions. Mais laissons parler le gouvernement anglais, qui, dans une déclaration postérieure (du 21 avril 1812), a essayé de se faire un mérite d'une démarche à laquelle le besoin urgent de son commerce seul l'avoit porté.

« S. M. B. ayant égard à la situation où se « trouvoit alors l'Europe, sans toutefois aban-

« donner le principe et l'objet des ordres du con-
« seil du mois de novembre 1807, voulut bien
« limiter leur effet de manière à adoucir très
« sensiblement les restrictions qu'ils imposent
« au commerce des neutres ; l'ordre du 26 avril
« 1809 fut substitué à ceux du mois de novem-
« bre 1807, et le système de représailles de la
« Grande-Bretagne ne frappa plus indistincte-
« ment sur tous les pays où étoient en vigueur
« les mesures d'agression adoptées par l'en-
« nemi : mais son effet fut limité à la France
« et aux pays sur lesquels pesoit le plus stricte-
« ment le joug de la France , et qui ainsi
« étoient devenus naturellement partie inté-
« grante des possessions de la France. »

C'est bien le langage du loup devenu berger !

Un mouvement de pitié aussi subit pour
le sort de l'Europe doit surprendre de la
part d'ames aussi fortes que celles des conseillers de l'Angleterre. L'étonnement cessera
cependant quand on apprendra que l'engor-
gement des marchandises bloquées dans les
îles britanniques leur a inspiré les adoucissements énoncés par l'ordre du 26 avril 1809,
en vertu duquel *des licences* furent délivrées
aux neutres pour commercer avec des ports
fermés aux Anglais , même d'importer cer-

3

tains articles en Angleterre, *sous la condition expresse d'en exporter une quantité déterminée de denrées ou de marchandises anglaises.* Cette mesure n'a pas été suivie de réaction : elle vengeoit assez par elle-même la France qui en retiroit tout les profits possibles ; aussi fut-elle reprochée aux ministres par les Anglais mêmes qui prétendent que les licences (elles furent portées jusqu'à 20,000 par an), loin de leur être avantageuses, ne servoient qu'à exercer les marins français et ceux des alliés du grand empire, et qu'elles coûtoient au commerce de la Grande-Bretagne plus de 10 millions sterling par année, à cause de la perte du fret dont profitoient les vaisseaux neutres à qui elles étoient accordées (9).

Quand on aura examiné avec attention la tendance des différents ordres du conseil, on sera à même de résumer en peu de mots les principes du nouveau code maritime que les Anglais ont etabli. En voici les principaux articles :

Premièrement. Aussitôt qu'il plaira à l'Angleterre de déclarer la guerre à une nation, il est de son droit maritime de prendre les bâtiments et les colonies de cette nation avant

la publication de la déclaration de guerre, ou
du moins dans le moment même où cette publication a lieu en *Downing-street*.

Deuxièmement. Il est de son droit de déclarer en état de blocus, par un trait de
plume, autant de pays qu'il lui plaira ; d'en
faire considérer la déclaration comme ayant
force de loi, du jour même de sa publication ; de bloquer enfin les ports et les havres
des neutres, si cela semble plus aisé et plus
expéditif que de bloquer des côtes ennemies.
(Rap. du comité amér. du 1er juin 1812.)

Troisièmement. Il est de son droit de prendre
les propriétés de la puissance ennemie, non
seulement navigant sous le pavillon national,
mais aussi couvertes du pavillon neutre ; les
sujets de la puissance ennemie, quoique trouvés sur les bâtiments neutres, et quoique non
militaires, seront arrêtés comme prisonniers
de guerre.

Quatrièmement. Il n'y aura point de neutres
dans les guerres de l'Angleterre ; du moins
ils ne pourront plus servir à la communica-
tion entre les peuples pour les produits de
leur industrie ; toutes les nations, sous peine
d'être traitées en ennemies , sans notification

préalable , se soumettront exactement aux stipulations établies par la Grande-Bretagne; savoir :

1°. De n'apporter à la nation ennemie de l'Angleterre ni des marchandises de contrebande, ce qui s'entend, ni des denrées coloniales quoiqu'achetées par les neutres ou originairement propriétés neutres , ni même des vivres,de quelque nation qu'elles puissent provenir; 2°. de regarder comme rigoureusement bloqués tous les ports, toutes les côtes et toutes les colonies de la nation ennemie, quoiqu'ils ne le soient que sur le papier; 3°. de s'abstenir de tout échange direct de produits, non seulement avec la nation ennemie et ses alliés, mais aussi avec tout état neutre qui auroit pu mettre des restrictions au commerce anglais; 4°. de ne faire leurs provisions en marchandises qu'en Angleterre, et de ne vendre leurs productions territoriales qu'à des marchands de ce pays, qui seuls seront les intermédiaires dans toutes les ventes et dans tous les achats; 5°. comme l'Angleterre n'est pas d'avis de défendre aux neutres le cabotage et une navigation supplémentaire, ils seront tenus de diriger tous leurs bâtiments, quelles que puissent être leur cargaison et leur

destination, sur des ports anglais, pour y
acheter la permission de continuer leur route,
et pour s'y soumettre aux dispositions, par
suite desquelles l'Angleterre, en remplaçant
les articles de leur cargaison dont elle a besoin
par d'autres dont elle a en abondance, parviendroit à mêler tellement les marchandises
anglaises avec les marchandises neutres, qu'il
seroit impossible de distinguer et d'exclure les
premières à l'arrivage des bâtiments dans les
ports du continent ; ce qui revient à dire,
« que si l'Angleterre veut bien rendre aux
« neutres la faculté de naviguer, ils ne doivent
« en faire usage que pour le service du com-
« merce anglais, dans les combinaisons de son
« intérêt et à son profit ». (Rapport du min.
des relat. ext. à S. M. I., du 10 mars 1812).

Cinquièmement. Pour veiller à l'exécution
de ces réglemens libéraux, il est du droit de
l'Angleterre de faire amener, par des boulets
de canon, tous les bâtiments neutres convoyés
ou non, que les vaisseaux anglais rencon-
treroient en mer ; de les aborder à main armée ; d'exiger l'exhibition de leurs papiers ;
de visiter leur cargaison en face de leurs ports
et dans leurs eaux mêmes ; de confisquer le
vaisseau et son chargement, sur le moindre

soupçon que le bâtiment n'a pas eu l'intention
de se rendre en Angleterre, solliciter la permission de naviguer ; de presser enfin ceux
des matelots des bâtiments neutres qu'on vou-
dra bien regarder comme des sujets de S. M. B.

Sixièmement. Enfin , il est du droit de l'Angleterre de regarder comme une déclaration
de guerre, et comme une lésion de ses droits
sur l'océan et sur le commerce du monde,
tout effort qu'une nation pourroit faire pour
relever sa marine et son commerce ; il est de
son droit incontestable de punir incontinent,
par l'incendie des chantiers, la capture des
vaisseaux, et le bombardement des ports, la
nation qui oseroit concevoir l'idée de pareils
efforts.

Tels sont les principaux articles du nouveau
code maritime des Anglais. On dira qu'il n'étoit
pas possible de pousser plus loin les prétentions; cependant il leur restoit encore un pas
à faire pour achever d'affermir leur puissance.

On sait que les Anglais ont coutume d'exploi-
ter par des associations les pays qui ont le
malheur de tomber sous leur influence. C'est
ainsi qu'ils ont créé des compagnies des Indes
orientales, de l'Afrique , de la mer du Sud,
du Levant; mais ces différentes sociétés ne

pouvant suffire à satisfaire leur avidité, ils songèrent sérieusement à en établir une de l'Europe. Ils espéroient d'autant mieux réussir dans cette entreprise, qu'ils avoient déjà créé une *compagnie de Russie*. L'empereur Alexandre, par son ukase du 19 décembre 1810, lui avoit accordé des priviléges très considérables. L'impunité de tout ce qu'ils avoient fait précédemment, sembloit leur assurer que, loin d'éprouver la moindre contrariété, ils se trouveroient secondés par les nombreux prosélytes qu'ils avoient eu le secret de se faire. Déjà leurs agents diplomatiques avoient commencé cette grande opération : des comptoirs, des factoreries, et une foule de commis étoient établis dans les principales villes commerçantes du continent. Des écrivains prétendus politiques, gagés par eux, ne rougirent pas de prostituer leurs plumes, en proclamant et faisant valoir hautement l'avenir heureux préparé à l'Europe par l'Angleterre. Déjà le ministère de cette puissance croyoit toucher au plus haut degré d'élévation et de splendeur.

Si ce projet humiliant n'a pas été effectué, si l'Europe n'a pas perdu les droits que lui donnent sa population, ses exploits, ses lumières, c'est à Napoléon qu'elle en est re-

devable ; son génie a su opposer des digues
au torrent d'oppressions dont elle étoit me-
nacée.

Nous avons vu , dans le développement des
ordres du conseil anglais , quelques unes des
mesures que l'empereur de France a adoptées.
Nous allons maintenant les résumer. « Le dé-
« cret de Berlin, du 21 novembre 1806, répon-
« dit à la déclaration du 16 mai 1806. Le blocus
« des îles britanniques fut opposé au blocus
« imaginaire établi par l'Angleterre. Le dé-
« cret de Milan , rendu le 17 décembre 1807,
« répondit aux arrêts de 1807. Il déclara *déna-*
« *tionalisé* tout bâtiment neutre qui se sou-
« mettroit à la législation anglaise , soit en
« touchant dans un port anglais , soit en
« payant tribut à l'Angleterre , et qui renon-
« ceroit ainsi à l'indépendance et aux droits
« de son pavillon. Toutes les marchandises du
« commerce et de l'industrie de l'Angleterre
« furent bloquées dans les îles britanniques;
« le système continental les exila du conti-
« nent ». (Rapport du min. des relat. ext. à
S. M. I., du 10 mars 1812.) « Mais l'exécution
« de ces dispositions ne pouvoit être assurée
« que par l'action journalière d'une adminis-
« tration ferme , vigilante, et à l'abri de toute

« influence ennemie. La Hollande et les villes
« anséatiques durent être réunies ». (Note du
min. des relat. ext. , adressée au comte de
Romanzow le 25 avril 1812.) Lorsqu'on eut
connoissance que les Anglais devoient arracher
au cabinet russe l'ukase de décembre 1810,
l'on annonça la nécessité « de se rendre maîtres
« de tous les ports par où l'océan communique
« avec les provinces intérieures de l'empire ».
(Adresse du sénat à S. M. Impériale du 13 décembre 1810.) Enfin, en 1812, on reconnut
comme indispensable pour le maintien du système continental , « que toutes les forces dis-
« ponibles de la France puissent se porter
« partout où le pavillon anglais et les pavillons
« dénationalisés ou convoyés par les bâtiments
« de guerre de l'Angleterre voudroient abor-
« der ». (Rapport du ministre des relat. ext.
à S. M. I., du 10 mars 1812.)

En même temps que la France tenoit cette
conduite énergique contre les prétentions des-
potiques de l'Angleterre , elle proclamoit hautement, à la face de toute l'Europe , les principes d'un code maritime , basé sur le droit
des gens , et dont l'introduction sera le prix
de sa victoire sur les insulaires. Nous croyons
devoir les rapporter ici , parce qu'ils forment

un véritable contraste avec celui des Anglais.

« Le droit de la guerre est un, et le même
« sur terre et sur mer. La mer est le domaine
« commun et imprescriptible de toutes les
« nations ; la propriété particulière doit être
« aussi sacrée et inviolable dans les guerres
« maritimes, qu'elle l'est dans les guerres par
« terre.

« Le pavillon couvre la marchandise. La
« marchandise ennemie sous pavillon neutre
« est neutre, comme la marchandise neutre
« sous pavillon ennemi est ennemie.

« Les seules marchandises que ne couvre
« pas le pavillon, sont les marchandises de
« contrebande, et les seules marchandises de
« contrebande sont les armes et les munitions
« de guerre.

« Toute visite d'un bâtiment neutre par un
« bâtiment armé ne peut être faite que par un
« petit nombre d'hommes armés, le bâtiment
« armé se tenant hors de la portée du canon.

« Tout bâtiment neutre peut commercer
« d'un port ennemi à un port ennemi, et
« d'un port ennemi à un port neutre.

« Les seuls ports exceptés sont les ports
« réellement bloqués, et les ports réellement
« bloqués sont ceux qui sont investis, assiégés,

« en prévention d'être pris, et dans lesquels
« un bâtiment de commerce ne pourroit entrer
« sans danger ». (Rapport du min. des relat.
ext. à S. M. I. , du 10 mars 1812).

« Le genre humain ne sera rendu au bonheur
« qu'autant que toutes les nations jouissant
« de la plénitude de leurs droits pourront se
« livrer en toute liberté à leur industrie , et
« qu'autant que l'indépendance de leur pa-
« villon sera inviolable.

. « L'indépendance de leur pavillon est un
« droit de chacune d'elles , et un devoir réci-
« proque des unes envers les autres.

« Les nations ne sont pas moins solidaires
« de l'inviolabilité de leur pavillon que de
« celle de leur territoire.

« Comme une puissance ne peut , sans cesser
« d'être neutre, laisser enlever sur son terri-
« toire , par une des puissances belligérantes ,
« les propriétés de l'autre , ainsi cesse-t-elle
« également d'être neutre en laissant enlever
« sous son pavillon , par une des puissances
« belligérantes, les propriétés que l'autre y a
« placées.

« Toutes les puissances ont en conséquence
« le droit d'exiger que les nations qui pré-
« tendent à la neutralité, doivent faire res-

« pecter leur pavillon de la même manière
« qu'elles doivent faire respecter leur territoire.

« Tant que l'Angleterre, persistant dans son
« système de guerre, ne reconnoît l'indépen-
« dance d'aucun pavillon sur les mers, aucune
« puissance qui a des côtes ne peut être neutre
« envers l'Angleterre ». (Note du ministre des
relations extérieures au comte de Romanzow,
du 25 avril 1812.)

Tels sont les principes du code maritime
proposé par la France. Que l'Europe et le
monde entier, en les comparant avec ceux du
code de l'Angleterre, jugent lequel des deux
est le plus conforme à la justice, et mérite le
mieux d'être adopté.

Des principes aussi libéraux, proposés par
Napoléon en faveur de la libre navigation, ne
pouvoient manquer d'être accueillis par tous
les gouvernements éclairés. La Russie elle-
même, reconnoissant les suites désastreuses
qui dérivoient du système contraire adopté
par l'Angleterre, s'étoit empressée de se joindre
à la grande ligue européenne. Ces principes
sont tellement fondés sur la justice et la loyauté,
que la masse éclairée du peuple anglais (peuple
doué d'ailleurs de tant de qualités éminentes)
n'auroit pas balancé de les adopter, si le parti

de leurs négociants et manufacturiers, pressés par les embarras que le système continental leur faisoit éprouver, ne l'eût pas emporté, en faisant considérer leurs intérêts comme étant ceux de la patrie.

Il a réussi, parce que les finances de l'Angleterre sont basées sur les emprunts que les banquiers se chargent de négocier. Il a réussi, parce que son ministère, inhabile à créer des ressources permanentes, ne peut se passer d'un parti qui lui donne tant de facilités pour corrompre son pouvoir législatif et les conseillers des puissances qui se laissent éblouir par son or.

C'est ainsi que ce ministère, de concert avec quelques propriétaires et négocians russes intéressés au négoce de l'Angleterre, est parvenu à déterminer la cour de Saint-Pétersbourg à protéger ouvertement ce négoce, au préjudice de l'industrie naissante de la Russie et des traités solennels qu'elle avoit contractés.

Il est temps de revenir au principal objet de cette discussion, dont il semble que nous avons été détournés par le résumé des prétentions anglaises; mais cette digression, loin d'y être étrangère, jette au contraire le plus grand jour sur les causes d'une rupture entre la Russie et les confédérés du continent ; elle nous éclaire encore mieux sur le jugement que nous devons porter sur les satellites de la Grande-Bretagne.

« La cour de Russie, en épousant la cause des ennemis éternels de l'Europe, peut-elle être excusée par la position particuliere dans laquelle elle se trouve ? » Telle est la question.

L'ukase du 19 décembre 1810 fut le prélude d'intentions hostiles ; il défendit d'importer par terre, dans la Russie, aucunes denrées coloniales ni des vins (excepté ceux de la Hongrie et de la Valachie); loi qui tendoit ouvertement à prohiber le commerce avec la France, à laquelle les transports par mer sont momentanément interdits. Les Anglais n'avoient suggéré cette mesure que parce qu'ils craignoient que les marchandises saisies sur eux dans la Baltique en 1809 (d'une valeur de huit millions sterling) ne se vendissent dans la Moscovie, au préjudice de celles qu'ils y envoyoient directement. L'ukase fut accompagné de la permission de vendre la cargaison de deux cent cinquante bâtimens qui avoient été saisis dans les ports de la Baltique. La conduite ultérieure du cabinet russe nous indique assez pour quel compte cette vente a pu se faire.

Supposons un moment que la Russie n'a tenu cette conduite que pour se conserver la faculté de vendre aux Anglais les productions de son sol, comme étant le seul moyen d'augmenter son numéraire et de se procurer plusieurs articles dont elle avoit besoin. Ce motif particulier trouveroit déja sa réprobation aux yeux de ceux qui pensent, que l'intérêt du monde entier, lésé dans ses droits *sur le grand chemin des nations* par un peuple marchand, doit prévaloir sur toutes les considérations d'intérêt particulier ; mais ce motif paroîtra entièrement illusoire, si l'on se rappelle que la France a demandé à la Russie de s'entendre avec elle pour concilier ses besoins avec les principes du système continental et l'esprit du traité de Tilsit, et si l'on réfléchit que la Russie pouvoit trouver un équivalent de son commerce avec les Anglais dans celui avec la France, qui auroit pris avec empressement les matières premières dont elle a besoin, en échange des vins, des marchandises et des denrées coloniales qu'elle pouvoit lui fournir aussi abondamment que l'Angleterre, et la plupart à meilleur marché. L'Empire français, qui tend déja un bras à la Russie par une multitude de communications intérieures, lui auroit ainsi procuré le dédommagement des sacrifices momentanés faits pour la conservation de la paix continentale. Ces sacrifices mêmes auroient été peu de chose. Les Américains, malgré leur amour pour la paix et le besoin qu'ils ont de la conserver, prouvent dans ce moment combien un peuple jaloux de son indépendance peut en imposer à d'arrogans insulaires. Cependant les Etats-Unis n'ont point de flottes, mais ils arment des corsaires : dans peu, la mer sera couverte de leurs bâtimens, et les Anglais se ressentiront des coups qu'ils ont cherché à porter à leur navigation. La Russie ne pouvoit-elle pas espérer le même avantage? Ses nombreux vaisseaux ne lui auroient-ils pas procuré des succès assurés, si elle avoit déployé contre l'Angleterre l'énergie dont les Américains leur donnent l'exemple? Qui l'empêchoit de prendre une attitude semblable à celle qu'elle a montrée en 1780?

Nulle force majeure n'a donc pu déterminer la Russie à se départir de la ligue européenne ; d'ailleurs, le sens de l'ukase et la permission qui en a été la suite, prouvent clairement que ce ne peut être *le commerce di-rect et ordinaire* avec l'Angleterre qui a porté la Russie à faire la guerre au continent ; elle n'ignore pas que la balance n'a jamais été à son avantage (10). Si on la presse de s'expliquer franchement, elle avouera qu'elle n'a pris une attitude hostile, que parce qu'elle tenoit aux bénéfices de la contrebande des denrées colo-niales dans les Etats de l'Europe ; bénéfices que ses douanes et quelques négociants parta-geoient avec d'autant plus de succès, que les transports par terre ne coûtent presque rien dans la Russie (11) ; elle avouera que l'impos-sibilité de voir la grande étendue de ses fron-tières surveillée par la France, l'a engagée à se livrer à un commerce si peu digne de la ma-jesté d'un peuple ; elle avouera enfin qu'elle met toute son ambition à devenir la courtière et la contrebandière des négociants de Londres envers les puissances coalisées.

Ce que nous venons de dire acquerra en-core plus de certitude, si l'on se rappelle que le cabinet de Saint-Pétersbourg a demandé, comme préliminaire de toute négociation, que tous les pays situés au delà de l'Elbe fussent abandonnés par les troupes françaises ; demande qui ne pouvoit avoir d'autre but que de pro-

4

curer un plus vaste champ au négoce anglais, exclu en deçà du Niémen.

Voudroit-il nier que cette contrebande ait eu lieu? Parmi les milliers de preuves qu'on pourroit en donner, il suffira d'articuler celle-ci.

Les propriétaires des raffineries à Hambourg n'osent plus se livrer à la fabrication du sucre, parce que les Russes ont inondé de cette denrée tous les pays voisins à un si bas prix, qu'il seroit impossible aux fabricants de Hambourg de soutenir la concurrence, même de retirer leurs frais.

L'odieux de cette conduite étonnera encore davantage, si on la considère sous les rapports sociaux. On a dit que tous les peuples du continent devoient se regarder comme les membres d'une grande famille. Or, la conduite que la Russie a tenue depuis son ukase de 1810 envers les nations réunies du continent, doit être absolument envisagée comme celle d'un canton qui, parmi d'autres cantons riverains, se refuseroit seul à opposer une digue au débordement du fleuve sur lequel ils sont situés, et qui, par ce refus, rendroit inutile le travail que ces derniers auroient fait pour en élever. Dans une pareille circonstance, les citoyens

lésés auroient recours à l'autorité pour le contraindre à se soumettre à la loi commune. Les
alliés du continent agiroient de même avec la
Russie, s'il existoit un aréopage européen :
cette autorité n'existant pas, ils sont forcés
de recourir aux armes, afin de l'obliger à re-
pousser avec eux les tentatives que fait l'Angleterre pour inonder l'Europe du produit de
ses manufactures.

Cependant la France n'a rien négligé pour
conquérir l'amitié de la cour de Saint-Pétersbourg. Sa conduite, entièrement opposée à
celle du cabinet de Saint-James, qui pousse la
barbarie jusqu'à jeter sur les côtes ses vété-
rans nus, dépouillés et infirmes, fut toujours
marquée par la générosité. On l'a vue, après la
campagne de 1799, renvoyer les prisonniers
russes, équipés et armés; elle permit à l'armée
de l'empereur Alexandre, débordée dans ses
flancs, de se retirer après la bataille d'Austerlitz; deux fois elle laissa ce souverain augmenter le nombre de ses provinces, et ce, après
des luttes dont les chances ne pouvoient l'autoriser à espérer de si grands avantages. Tant
de preuves de condescendance de la part de
la France, n'auroient-elles produit sur son esprit d'autre impression que celle de sa supé-

riorité, quand toute l'Europe n'y voyoit que
le desir le plus ardent, manifesté par Napoléon, de consolider la paix continentale sur les
bases de l'intérêt d'état ménagé réciproque-
ment ?

Tout ce qu'il a été possible de faire pour
maintenir l'harmonie entre les deux empires
a été employé. Sa durée paroissoit si certaine,
que les premiers bruits qui coururent à Paris
d'une rupture, furent regardés comme aussi
peu fondés qu'invraisemblables. L'ukase du 19
décembre 1810 parut une surprise faite à la
Russie qu'elle s'empresseroit à la première ré-
clamation d'annuler, du moins de modifier. La
France, persuadée qu'elle parviendroit à l'é-
clairer sur ses véritables intérêts, mit dans ses
négociations une modération et une patience
qui ne peuvent être trop admirées, lesquelles
cependant sont justifiées par l'aversion que la
France devoit éprouver contre une expédition
aussi éloignée que dispendieuse, et de laquelle
d'ailleurs il ne pouvoit résulter pour elle aucun profit. « L'année 1811 tout entière fut
« employée à des pourparlers et à des négocia-
« tions avec la Russie, dans l'espérance de
« détourner, s'il étoit possible, le cabinet de
« Saint-Pétersbourg de la guerre qu'il parois-

« soit avoir résolue, et de parvenir à connoître
« ses véritables intentions. » (Rapport du ministre des relations extérieures à S. M. I., du 3
juillet 1812.) Mais cette même année il rétablit
ses anciens rapports commerciaux et politiques
avec l'Angleterre, rendit à ses agens leur ancienne influence, remplaça des ministres pacifiques par des hommes dévoués à l'Angleterre, rassembla des armées sur les frontières
occidentales de l'empire, essuya enfin des défaites par les Turcs pour conduire plutôt ses
troupes contre la France, qu'il ne cessoit de
provoquer par les actes les plus prononcés et
les plus insultans.

Russes! vous nous avez provoqués en four-
nissant des vivres et des matériaux pour la
construction des navires à nos plus implacables
ennemis; vous nous avez déclaré la guerre par
l'ukase du 19 décembre 1810, qui subordon-
noit notre industrie au commerce de l'Angleterre; vous nous avez fait connoître clairement
vos intentions hostiles en refusant toute négociation avant que nos soldats n'aient évacué
les places fortes de la Prusse et de la Poméranie suédoise Si nous eussions aussi impérieu-
sement exigé de votre cour l'évacuation de la
Moldavie et de la Valachie, combien vous

seriez-vous récriés ! Espériez-vous que la
grande nation dont Frédéric avoit dit, il y a
cinquante ans, « que, s'il en étoit le chef, on
« ne tireroit pas un coup de canon en Europe
« sans sa permission, » endureroit plus long-
temps les injures sanglantes que vous lui faites
en présence de l'univers ? Vous seriez-vous
flattés, en vous alliant à l'Angleterre, de trouver des partisans parmi les peuples qui ont été
à même d'apprécier vos projets et vos prétentions ? Que vos ministres cessent de s'abuser
sur l'esprit continental ; les guerres actuelles
ne sont plus, comme autrefois, l'ouvrage de
l'intrigue ; elles sont le libre résultat de la conviction des peuples qui réclament à haute voix
la liberté des mers et l'achèvement de l'ordre
actuel des choses.

Une cause dont le but est de favoriser le
commerce des Anglais, de leur conserver la
prééminence sur les mers, de les laisser établir
chez vous des dépôts de marchandises, dans
l'espérance de les faire circuler clandestinement sur le continent, ne peut trouver des
partisans dans la saine partie de votre nation.
Le profit honteux que vos douanes retirent de
cette contrebande doit finir le jour même où
la paix maritime ouvrira l'océan à toutes les

nations. Vous jouez le rôle du singe qui prête
sa patte au léopard pour tirer les marrons du
feu. Quel résultat espérez-vous de cette conduite? En enrichissant des négociants qui trouvent leur compte à rester les commissionnaires
des Anglais, vos paysans en seront-ils plus
libres et plus éclairés? vos manufactures en
seront-elles plus florissantes? votre industrie
acquerra-t-elle plus d'étendue? Ne tombez-
vous pas dans l'erreur de ces politiques qui
confondent le bien-être de la partie indus-
trieuse d'une nation avec celui de quelques
négociants habitant des ports de mer, qui, peu
patriotiques, élèvent des cris chaque fois que
l'importation est entravée, quoique les fabricants du pays s'en félicitent hautement (12)?

Les intérêts du continent sont aussi les vôtres.
Vous deviez partager avec lui les avantages
innombrables qu'il conquerra, en arrachant
aux habitants de la Tamise le trident de Nep-
tune. Pouvez-vous croire que l'Angleterre se
relâchera en votre faveur d'une partie de ses
prétentions, ou qu'elle vous ménagera plus
long-temps qu'elle n'aura besoin de votre contrée, comme le seul débouché qui lui soit
maintenant ouvert sur le continent européen?
Non; votre lâche complaisance envers elle-

n'aura produit sur son esprit que la conviction de votre foiblesse.

Vous parlez de la liberté du continent, et vous ne rougissez pas de vouloir nous contraindre à alimenter l'industrie de l'Angleterre avec notre or, dont vous vous applaudissez de recouvrer une partie sous le titre humiliant de subsides (13). Mais quels sont donc les peuples qui ont appelé des serfs à défendre les intérêts de la liberté? Aucun ne se range sous vos drapeaux; au contraire, toutes les nations que la Grande-Bretagne avoit soulevées contre la France, ont fini par se prononcer en faveur de cet empire. Vous êtes les seuls du parti contraire ; au lieu de combiner, de concert avec les confédérés du continent, pour vos propres intérêts, une expédition contre les Grandes-Indes, vous avez préféré prolonger le spectacle de cette tragédie qui ensanglante l'Europe depuis plus de vingt ans (14).

Il faut donc vous forcer à respecter les droits des nations ; il faut achever le grand édifice politique destiné à recevoir sous son toit hospitalier tous les peuples du continent, pour leur assurer, avec les fruits de leur civilisation, un avenir tranquille. La France en a fait naître l'espoir dans l'ame de ses alliés ; elle le réali-

sera: l'honneur de son nom et l'accomplisse-
ment de ses projets libéraux sont synonymes.
D'autres motifs non moins puissans l'engagent
à soutenir cette guerre avec toute la vigueur
qui la caractérise. Dès qu'elle sera parvenue à
fermer tous les ports de la Baltique, elle aura
fait éclore le premier germe de la destruction
des flottes anglaises : c'est sur les côtes de la
Baltique que le Portugal sera conquis, et que
les insurgés d'Espagne seront entièrement
soumis (15). Cette guerre enfin doit préparer
les moyens de porter à l'Angleterre le dernier coup, lequel n'a été retardé, que parce
qu'il existe en Europe une nation qui, loin de
seconder cette glorieuse entreprise, ne cherche qu'à l'entraver.

Prenons donc, puisque nos ennemis nous
y contraignent, prenons la route de Saint-Pétersbourg pour arriver à Londres.

Tout se réunit pour nous assurer les succès
les plus brillans dans cette lutte engagée par
la politique perfide des Anglais.

Leurs ministres même ne s'abusoient pas sur
ce point. Dès le commencement de la campagne, ils n'ont cessé de manifester des doutes
sur l'heureuse issue de cette guerre, dans laquelle ils ont fait intervenir l'empereur de

Russie, quoiqu'ils fussent convaincus que cette
intervention n'aboutiroit qu'à reculer de quelque temps la catastrophe dont ils sont menacés. *Prévoyant les difficultés auxquelles le commerce de la Baltique pourroit être exposé par
un changement dans les circonstances politiques,*
ils avoient, dès le mois d'avril dernier, accordé
des licences à tout bâtiment dans les ports de
la Russie, à l'effet de charger les marchandises
anglaises qui s'y trouveroient, ainsi que les
productions de ce pays achetées par leurs commis, pour les mettre en sûreté dans les ports
de la Suède. (*Morning-Chronicle*, du 29 avril
1812.)

Certes, cette précaution devoit singulière-
ment encourager les Russes qui se sont mon-
trés leurs partisans. Quelques mois après, le
conseil de commerce accorda des licences en
blanc pour importer de Riga, ou d'un autre
port russe au nord de cette ville, *sans être
obligé d'exporter d'Angleterre.* Ce fut vraisem-
blablement la crainte d'être devancés par les
Français, et qu'il ne se trouvât pas assez de
bâtiments en Russie qui voulussent se soumettre à cette condition, qui leur fit adopter
cette mesure.

En effet, l'armée française venoit à peine de

passer le Niémen, que les négociants anglais établis à Liebau et à Riga s'empressèrent d'embarquer leurs magasins pour les transporter à Pernau.

Enfin, les journaux anglais exposoient assez clairement la haute opinion qu'ils avoient de la valeur des Russes, en reprochant à leurs ministres « de n'avoir cessé d'exciter le mal- « heureux monarque de la Russie jusqu'à ce « qu'en lui promettant des secours qui arri- « veront trop tard, et le berçant de succès qu'il « ne pourra obtenir, ils aient réussi à le jeter « dans une lutte dont il ne pourra sortir qu'en « sacrifiant la moitié de son empire. » « On pré- « tend » disoient-ils « que la dévastation du ter- « ritoire russe opposera de grands obstacles « aux progrès des Français ; mais, outre que « la rapidité de leurs mouvemens préviendra « en partie cette destruction, elle n'est en effet « qu'une déclaration tacite de la foiblesse de « la Russie. » (*The Statesman*, du 17 juillet 1812.)

Russes ! ces prophéties de vos amis viennent de se réaliser plus promptement que vous ne le pensiez. C'est ici qu'il faut reconnoître la force du génie sur la puissance de l'or. Ces projets ambitieux, que par une rare méfiance

dans vos lumières vous avez enfantés avec
l'aide des étrangers, ont échoué; votre ancienne capitale est occupée par le vainqueur,
et vos armées battues, dispersées, déroutées,
cherchent un asile dans les plaines de l'Ukraine,
où l'ombre irritée de Charles XII les attend
pour leur faire expier une trop facile victoire.
Parcourons les principaux événements de cette
mémorable campagne, de cette marche accé-
lérée et triomphante à travers les lacs et les
forêts de la Lithuanie, que vous regardiez
comme autant de boulevards inexpugnables.
Certes, la postérité sera embarrassée de juger
laquelle des deux entreprises fut la plus héroïque, ou du passage du mont Saint-Bernard,
ou de la conquête d'un pays dont les accès
offroient tant de difficultés.

Dès le commencement de 1811 la Russie
forme et réunit de nombreuses armées sur la
frontière du duché de Varsovie; elle dégarnit
celle qui la sépare des Persans, abandonne la
Moldavie et la Valachie, afin de rendre plus
assurée la diversion qu'elle projetoit en faveur
de l'Angleterre, et qu'elle annonçoit hautement dans une protestation contre la France,
envoyée à tous les cabinets.

Ce ne fut qu'un an après ces premiers mouvemens hostiles que l'avant-garde des armées françaises se porta sur l'Oder (avril 1812). Des traités d'alliance avoient été conclus entre la France, l'Autriche et la Prusse, les 14 mars et 24 février de la même année.

Le 22 avril l'empereur de Russie prend le commandement de son armée, quitte Saint-Pétersbourg, et établit son quartier général à Wilna.

L'empereur de France part de Saint-Cloud le 9 mai, passe le Rhin le 13, l'Elbe le 29, la Vistule le 6 juin, et le Niémen dans la nuit du 23 au 24.

Une ancienne tradition très accréditée parmi les serfs russes annonce que le jour de la Saint-Jean verra arriver le héros qui doit briser leurs chaînes, et c'est ce même jour que Napoléon effectue ce passage. . . .

Le 28 juin la diète de Varsovie se constitue en confédération générale, et proclame le rétablissement du royaume de Pologne.

Le même jour, à midi, l'empereur des Français fait son entrée à Wilna. Les deux capitales de la Pologne font retentir, le même jour et à la même heure, les cris de la joie la plus pure: l'enthousiasme s'est emparé de tous leurs habitants ; ils voient leur patrie renaître , et bénissent le héros qui vient d'effectuer ce grand ouvrage.

Le 5 juillet l'avant-garde sous les ordres du roi de Naples est portée sur la Duna ; ainsi, dix jours après l'ouverture de la campagne , presque toute la Lithuanie , composée de 4 millions d'habitants , est conquise; elle offre 30,000 combattants qui , réunis à 40,000 d'anciennes troupes du duché de Varsovie et à 30,000 de nouvelles levées , portent les forces de la Pologne à 100,000 hommes ; ses récoltes exportées autrefois par Riga viennent ajouter aux subsistances des armées françaises.

Le 14 juillet les Lithuaniens proclament à Wilna leur adhésion à la confédération générale des Polonais.

Le 17 Napoléon quitte Wilna ; le même jour l'armée russe, forte de 100 à 120,000 hommes, évacue son camp retranché à Drissa. Elle reconnoît alors toute l'illusion dont elle s'étoit flattée, de voir les peuples réunis se briser devant ses formidables redoutes, comme les vagues de la mer devant les rocs qui bordent son rivage.

Le corps de l'armée française dépasse ces redoutes, et remonte le pays qui s'étend entre les vallées de la Duna et du Dniéper. L'ennemi

se hâte de le devancer pour couvrir la route
de Moskwa ; mais au moment qu'il quitte ses
retranchements, les Français sont déjà devant Orsha, sur la grande route de Grodno à
Moskwa (16). Le corps commandé par le roi de
Westphalie s'avança sur cette même route ;
le 3o juin il étoit à Grodno, le 9 juillet à
Nowogrodek ; il ne paroissoit destiné qu'à couvrir la droite de la grande-armée. Mais bientôt
trois corps détachés de l'armée du centre arrivent le 8 juillet à Minsk, le 18 à Orsha, et le 20
à Mohilew ; toute la route est alors occupée
par des masses imposantes. Le corps commandé par Bagration, qui avoit d'abord été
rejeté jusqu'à Bobrunsk, accourt pour la
couvrir ; il est devancé et défait à Mohilew
le 23. Il passe sur la gauche du Dniéper pour
se porter sur Smolensk. L'armée centrale des
Russes, suivant la même direction, remonte
la droite de la Duna, arrive le 25 à Witepsk,
et passe sur la gauche du fleuve. Le triple
combat d'Ostrowno a lieu ; le 27 elle abandonne le champ de bataille et Witepsk, et se
retire sur Smolensk, où elle se réunit le 8 août
à l'armée de Bagration. Rassurée par cette
réunion, elle s'avance le 12, non sans hési-
tation, sur la droite du Dniéper, au devant

des Français. Mais l'empereur avoit résolu de s'emparer de Smolensk, en s'y portant par *l'autre* rive du fleuve ; le 16 les hauteurs de cette ville sont couronnées. L'ennemi se voyant déjoué, revient à la hâte sur ses pas ; n'osant hasarder un coup décisif, il se bat la nuit du 17 pour couvrir l'évacuation de Smolensk, et se voit attaqué à son tour. La glorieuse bataille de Valontina du 19 complète sa déroute, et le force de fuir avec précipitation vers Moskwa.

Le prince de Wittgenstein, qui avoit descendu la Duna avec ses troupes afin de couvrir la route de Saint-Pétersbourg, croit que le moment est favorable pour prendre à dos l'armée française qu'il supposoit être arrêtée devant Smolensk. Le 1er août il avoit évacué Dunabourg, dont les fortifications avoient employé cinq ans de travaux. Il remonte la Duna ; un combat de trois jours, du 16 au 18 août, a lieu sous les murs de Polotsk ; le prince est défait et contraint de se retirer.

Pendant que l'armée russe, incertaine sur la direction de celle des Français, changeoit sans cesse de système ; qu'elle couvroit tantôt la route de Saint-Petersbourg, tantôt celle de Moskwa ; qu'elle annonçoit aller au devant de

l'ennemi tandis qu'elle ne cherchoit qu'à l'é-
viter, les Français se portoient avec rapidité
sur Moskwa. Le 7 septembre une bataille déci-
sive a lieu à Borodino près Mosaïsk. « *Le soleil
d'Austerlitz illustra cette glorieuse journée* ».
Les Russes, après avoir essuyé d'énormes
pertes, sont obligés d'abandonner leur capitale, et de se retirer derrière l'Okka. L'empereur entre à Moskwa le 14 ; mais, par une
de ces fureurs aussi inouïes qu'inconcevables,
son gouverneur avoit organisé l'anarchie en
soudoyant des incendiaires ; les trois quarts
de cette capitale sont dévorés par les flammes.
Qu'on ne s'imagine pas que cet acte fut le
premier mouvement du désespoir d'une ville
forcée de se rendre, il est prouvé que le plan
de cet embrasement avoit été conçu d'avance ;
mais les Russes et le cabinet anglais, qui s'é-
toient flattés de succès dès le commencement
de cette guerre, se verront encore une fois
déçus de leurs espérances. Nous avons vu que
la destruction des magasins depuis Wilna et
Grodno jusqu'à Moskwa n'a pas empêché l'armée française d'y pénétrer ; nous verrons que
l'incendie de cette dernière ville ne l'empê-
chera pas de séjourner cet hiver en Russie. Les

5

ressources d'une armée qui occupe des provinces aussi fertiles que celles du centre de la
Russie, ne se bornent pas à l'enceinte d'une
cité ; ces provinces seront mises à contribu-
tion, et avec tout ce qui est à la portée du
spéculateur, l'ardeur du gain viendra au secours de nos guerriers.

Il est donc impossible de supposer que les
Russes se soient portés à un tel excès de cruauté
par le seul espoir d'arrêter la marche victo-
rieuse des Français et de leurs alliés. On peut
trouver la cause de cette horrible action dans
l'ancienne jalousie qui existe entre Saint-Pétersbourg et Moskwa. La noblesse de cette
dernière ville voyoit avec indignation la transla-
tion de la cour dans les contrées stériles qui
entourent Saint-Pétersbourg, lesquelles devoient absorber toutes les richesses des provinces du centre. Elle dédaignoit de s'y rendre
pour solliciter des places administratives, des
honneurs, des distinctions civiles et militaires;
elle préféroit de vivre à Moskwa dans une indépendance aristocratique. Bientôt les mécon-
tents et les disgraciés se joignirent à elle. Ces
dispositions ne pouvoient que déplaire à la
cour de Saint-Pétersbourg; mais la première
capitale, placée au centre de l'empire, en

(67)

réunissoit toutes les forces, tandis que la seconde ne peut jouir de ces avantages, et qu'elle n'aura jamais qu'une existence factice et artificielle.

Supposons que le gouverneur de Moskwa, obligé, après la bataille de Mosaïsk, d'abandonner Moskwa, se soit ressouvenu que cette ville renferme les familles de Dolgorouki, Galitzin, Soltykow et autres, qui se sont signalées jadis par l'activité avec laquelle elles secouèrent le joug d'un Mentzikow, d'un Biron; que plusieurs de ces familles descendent des anciens grands-ducs qui partageoient autrefois la souveraineté des Russies; qu'elles voulurent, à la mort de Pierre II, établir un gouvernement moins arbitraire; qu'elles ont à leur disposition des milliers de serfs, des villes, des canons, des richesses immenses; qu'on pouvoit craindre qu'elles ne voulussent profiter de la présence des armées étrangères pour réaliser leurs plans de réforme. Supposons ces motifs politiques...... Mais pourront-ils justifier une rage dont on ne peut trouver d'exemples chez les peuples les plus barbares?..... L'idée de la nécessité d'un démembrement de ce vaste empire, *« dont la masse du centre a été poussée vers les bords*

*pour y former un bourrelet qui en impose sur
sa véritable force »*, s'étoit emparée de bien des
têtes russes, et nous explique comment on a pu
croire nécessaire de prévenir le danger par un
coup atroce, et qui sembloit décisif parce qu'il
paralysoit les forces de l'opposition. Mais ces
forces ne sont-elles pas aussi paralysées pour
la Russie elle-même? Que peut-elle attendre
désormais des nobles maintenant dépouillés
de leurs richesses mobiliaires? Quel sera l'esprit public d'une capitale qui pouvoit fournir
une nombreuse milice, et qui se trouve aujourd'hui réduite à implorer la clémence du
vainqueur si elle veut continuer son existence
physique? Son exemple ne doit-il pas entraîner
la moitié de la Russie européenne? car cet
empire diffère des autres états, en ce que les
richesses et l'industrie sont concentrées seulement dans les deux capitales; encore ne le
sont-elles que par un petit nombre de nobles
ou marchands qui y font leur résidence, et
dont toutes les campagnes dépendent par les
liens féodaux ou commerciaux, tandis que les
autres états de l'Europe possèdent plusieurs
villes rivales de leurs capitales, et susceptibles
de les représenter au besoin, comme dans
l'ancienne Grèce les citoyens éclairés représen-

toient là patrie partout où ils résidoient. Dans
la Russie, ce ne sont que quelques établisse-
ments et une classe privilégiée qui répandent
quelques rayons de civilisation, lesquels dispa-
roissent aussitôt que les uns sont détruits et
l'autre dispersée. — Les Russes, en brûlant
Moskwa, le cœur de leur empire, ont prononcé l'arrêt de leur mort politique; il ne leur
reste que Saint-Pétersbourg, qu'on pourra
en regarder comme la tête, mais qui doit
éprouver le sort de celles auxquelles les nerfs
ne communiquent plus. Cet événement est
si peu digne d'un gouvernement paternel,
que nombre de personnes se croyoient par
là seul autorisés à supposer que l'autorité
légitime n'étoit plus à la tête du gouvernement.

L'embrasement de Moskwa sera de la plus
grande influence sur le sort futur de la Russie,
et changera probablement les résultats qui auroient pu avoir lieu sans cet événement. Il
doit nous convaincre de la nécessité de cette
guerre sacrée; car si ces prétendus libérateurs
de l'Europe traitent ainsi leur propre pays,
quel sort seroit réservé aux contrées alliées
ou tributaires? Leur conduite dans la Prusse
orientale en 1807 est encore présente à ses

habitants. Les peuples voisins et toute l'Allemagne doivent donc regarder cette guerre
comme une guerre nationale, comme un bien-
fait du ciel, puisqu'elle doit les garantir contre
l'asservissement dont l'empire immense des
Chinois fut jadis la victime. En partant de
ce point de vue, on devroit peut-être envi-
sager cet incendie comme devant cimenter le
repos de l'Europe, si l'humanité n'avoit pas à
en gémir. La remarque, *que la perte d'une
ville où régnoient l'industrie et le commerce
de deux parties du monde recule la Russie de
cent ans dans sa civilisation*, fait naturellement naître l'idée que l'Europe est pour tout
ce temps garantie des dangers qui la menaçoient de ce côté ; car la force sauvage n'est
redoutable qu'autant que les arts et le commerce lui fournissent les moyens de combattre avec succès : or, en détruisant Moskwa,
les Russes se sont privés des moyens de réor-
ganisation militaire, laquelle exige toujours
plus de temps chez les peuples demi-barbares
que chez les peuples policés. Pour nous en convaincre, il suffira de jeter un coup d'œil sur
l'état social de la Russie.

Nous ne parlerons point ici de la liberté
civile, chose inconnue dans cet empire, où le

bien-être de plusieurs millions d'habitants est l'apanage de quelques milliers de propriétaires et de négociants, tandis que le reste est plongé dans la misère et l'esclavage; mais nous dirons deux mots de son organisation militaire, d'après des écrivains étrangers qui même ne sont pas exempts du soupçon de partialité pour cette nation.

Les recrues russes sont forcées de quitter leur contrée, leurs familles, leurs femmes, leurs enfants, sans espoir de les revoir, car la durée de leur service est de vingt-cinq ans. Confondues avec les bêtes de somme, souvent elles sont vendues par leur seigneur à un autre seigneur pour compléter le nombre d'hommes que ce dernier doit fournir. Elles n'ont pas même la consolation de servir avec les recrues de leur pays; on a soin au contraire de les isoler, parce qu'on croiroit la sûreté de l'état compromise si on formoit des régiments provinciaux, ou si l'on permettoit qu'elles séjournassent dans les lieux d'où elles auroient été tirées. Les mauvais traitements, les maladies et la désertion en emportent la moitié avant qu'elles soient parvenues aux dépôts. A peine arrivées, elles sont dressées, à l'aide *du knout,* aux exercices militaires ; encore faut-il un

temps infini pour les former dans un état
pour lequel les Russes ont tant d'aversion,
qu'ils regardent comme un bonheur d'être
mutilés par quelque accident qui les mette
hors d'état de servir. Une subordination ser-
vile remplace la discipline. Le soldat est bâ-
tonné par son sergent, le sergent par les
officiers ; ceux-ci rampent devant leurs colonels, et ces derniers devant les généraux. Il
ne faut donc pas s'étonner que le point d'honneur soit inconnu à un corps, qui, dans tout
autre pays, en fait sa marque distinctive :
aussi ne reproche-t-on pas aux militaires russes
les excès dans lesquels ceux des autres nations
se laissent quelquefois entraîner ; ils ne se
battent jamais en duel. La modique instruction
que leurs officiers ont reçue est bientôt oubliée
dès leur arrivée au régiment, d'abord par les
bornes établies entre les différents grades militaires, ensuite par le peu de ressources qu'ils
ont d'acquérir de nouvelles connoissances :
loin de contribuer à la civilisation du soldat,
ils ajoutent à sa férocité par les mauvais traitements qu'ils lui font éprouver, pour se ven-
ger des affronts qu'ils reçoivent eux-mêmes
de leurs supérieurs. La haine qu'ils ont contre
les officiers étrangers dont les armées russes

ne peuvent se passer, étouffe cet esprit de corps qui distingue les régiments français; elle s'étend jusque sur les officiers livoniens, parce qu'ils sont d'origine allemande. On ne peut pas espérer qu'ils acquièrent un plus noble caractère tant qu'ils seront soumis au despotisme de leurs colonels, et que l'ordre subsistera que toutes les pétitions qu'ils veulent adresser au souverain passeront par leurs mains.

Cette hiérarchie militaire, qui dans d'autres états excite le talent, ne produit ici que des machines. Les Russes sont immobiles dans la ligne, parce qu'ils redoutent plus la canne des officiers qui sont derrière eux, qu'ils ne craignent les canons qu'ils ont en face. S'ils s'aperçoivent qu'ils ne sont plus surveillés, ils désertent les rangs, sans qu'aucune considération d'honneur puisse les ramener à leur devoir; une fois en déroute, ils ne connoissent ni le secret de se rallier, ni celui de balancer la victoire par une retraite combinée. Il n'existe aucun état où l'on soit aussi embarrassé de remplacer les officiers qu'en Russie; cette nation est trop peu avancée dans l'instruction pour fournir le nombre nécessaire de sujets capables; la plupart des sous-officiers ne savent ni lire ni écrire. Une armée russe qui vient d'être battue, est découragée et perdue ; leurs généraux, par un orgueil qui tient autant de l'ignorance que de l'ambition, dédaignent de former des réserves, d'établir des magasins derrière leurs lignes, et se privent, par ce manque de précautions, des ressources qui pourroient diminuer leurs revers. Les désordres enfin dans l'administration et l'approvisionnement des troupes sont portés à un tel excès, que pour peu que l'armée à la suite d'un échec soit obligée de rétrograder avec précipitation, elle n'y peut trouver aucune ressource.

Cette témérité même tant vantée du soldat moscovite est bien éloignée d'égaler la bravoure et le sang-froid du soldat civilisé. Nous avons déjà vu que la discipline des Russes n'étoit pas capable d'inspirer aux troupes des motifs moraux de se signaler ; on ne peut douter que les effets qui en dérivent, ne soient toujours infiniment inférieurs à ceux du sentiment de l'honneur. La soif du butin, une espèce de fatalisme, ou plutôt le fanatisme soutenu par la superstition ; enfin de larges distributions d'eau-de-vie, voilà les sources de l'héroïsme qui les distingue. Une politique inhumaine sous les Potemkin et les Souwarow a donné aux soldats l'envie du carnage. Toutes les privations auxquelles ils sont habitués dans leur camp, ajoutent à leur férocité; aussi leur renommée en bravoure ne date-t-elle que des assauts où leurs généraux, attachant peu de prix à l'existence de quelques milliers d'esclaves, se plaisoient à faire couler des flots de sang, en immolant non seulement les ennemis, mais encore les habitants désarmés, les femmes, les vieillards et les enfants. Si l'on parcourt les relations des victoires qu'ils ont obtenues sur les Turcs, on verra, à peu d'exceptions près, qu'elles ont été le fruit de la surprise, où leur impétuosité ne donnoit pas le temps à l'ennemi d'opposer une résistance combinée; on ne trouvera pas qu'ils aient remporté, par le sang-froid et la combinaison dans les manœuvres, trois batailles rangées sur les nations policées. Sans parler de leurs défaites contre les Français, n'avons-nous pas été témoins de celles que la Suède leur a souvent fait éprouver, malgré la grande infériorité de sa population?

L'inconvénient le plus grave que la Russie puisse éprouver à la suite d'une malheureuse guerre, c'est l'impossibilité d'appeler à son secours tous ses citoyens : et comment pouvoir faire cet appel dans un état qui n'est composé que de propriétaires et d'esclaves? L'esclave, sans propriété, ne tient à rien; l'amour de la patrie n'est point inné chez lui : peu lui importe de changer de maître, il gagnera peut-être à ce changement. Le propriétaire est le seul qui puisse s'armer pour la défense de ses pénates; mais cent mille propriétaires (si toutéfois ce nombre y existe), éparpillés sur une étendue de 3oo,ooo lieues carrées, vivant dans la mollesse, accoutumés au luxe asiatique, peuvent-ils former une armée tant soit peu redoutable? A la vérité, ils ont un grand nombre de serfs qu'ils achètent comme les bestiaux sur les marchés de Moskwa; ils peuvent les forcer à porter un fusil ou une pique, mais ce ne seront point pour cela des soldats. Des hommes à qui les noms de patrie et de propriété sont inconnus, qui éprouvent toutes les tortures de la tyrannie, seront peu portés à les défendre. Dans les pays civilisés, les cœurs des citoyens servent de remparts à la patrie en danger; dans ceux où règne l'esclavage, on a recours à la destruction pour arrêter le vainqueur qui y pénètre. Les serfs sont d'autant plus incapables d'opposer une résistance prolongée, que l'idée qu'ils ont de la supériorité des hommes libres, les glace d'effroi dès qu'ils se trouvent en leur présence. Les Romains réduisoient les esclaves séditieux en marchant à leur rencontre, le fouet à la main. Dans les défilés des Thermopyles, à la journée de Salamine, ce ne furent point les nuées innombrables d'esclaves de Xerxès qui remportèrent la victoire, elle demeura tout entière aux citoyens peu nombreux de Sparte et d'Athènes. Tout promet donc aux Français la palme dans cette lutte; leurs premiers succès le présagent déjà. « La Russie est entraînée par sa fatalité; ses destins doivent s'accomplir ! »

Qu'il nous soit permis, avant de terminer ces réflexions, de jeter nos regards sur l'avenir, dont le présent porte des germes indestructibles. Le monde ne forme plus que deux grands partis, *les Monopolistes* ou *Océanocrates*, et *les défenseurs de la liberté de l'industrie et des mers*. Les premiers comptent sur la puissance de leur or, les seconds sur les ressources et la fécondité du génie qui les conduit, ainsi que sur la justice de leur cause. Les vues, les projets, les prétentions et les intérêts de chaque parti sont dans une opposition si marquée, que tout rapprochement paroît impossible, et qu'il faudra vivre ou périr avec le parti qu'on a embrassé; ce n'est plus une hypothèse, c'est un fait réel confirmé par les déclarations réitérées du cabinet anglais. La cour de Londres, dans sa déclaration du 21 avril dernier, exprime « la *ferme* « détermination de continuer à *s'opposer* à « l'introduction de ce code basé sur les sti- « pulations d'Utrecht, que le gouvernement « français avoue ouvertement vouloir re- « connoître comme loi des nations. » (17)

Pour nous convaincre de la nécessité de combattre cette *opposition* avec une persévérance inébranlable, il suffit d'examiner l'avenir que l'Angleterre destineroit au continent, s'il n'étoit pas couvert par l'égide de Napoléon. Elle commenceroit dans ce cas par renouveler sa proclamation, que l'océan étant son domaine, aucun autre vaisseau que les siens ne pourront y naviguer sans sa permission. Les anciens doges de Venise ne prétendoient épouser que la mer Adriatique; mais les Océanocrates, plus immodérés dans leurs desirs, épouseroient toutes les mers du monde, et les regarderoient comme autant de femmes légitimes. Ils feroient ensuite exécuter les articles de leur code maritime, en vertu desquels les nations doivent renoncer à tout commerce direct entre elles, et apporter à Londres, comme étant le marché universel du monde, les productions premières, pour les échanger contre des marchandises anglaises : l'industrie des quatre parties du globe se trouveroit ainsi sous la dépendance de la Grande-Bretagne, comme celle des campagnes sous l'influence de la capitale.

Dépouillés des fruits de votre génie, réduits à vos productions territoriales, vous ne seriez plus, fiers Européens ! que les cultivateurs de la compagnie d'Europe, comme les nègres le sont de celle d'Amérique, et les basanés de celle des Grandes-Indes. Sans la liberté du commerce et de la navigation, tous les avantages de la civilisation seroient nuls ; votre industrie seroit enchaînée, vos capitaux resteroient enfouis ; vos ames languiroient dans l'abattement. L'Europe entière ne ressembleroit plus qu'à une vaste prison ; les vaisseaux des Anglais entreroient dans vos ports pour enlever de vos magasins tout ce qui seroit à leur convenance, et les vôtres devroient se borner au simple cabotage ; vos plus habiles matelots seroient forcés de suivre les Anglais ; votre jeunesse rempliroit les cadres de leurs

régiments, si souvent détruits par le climat
des colonies , dont la garde est ordinaire-
ment confiée à ces troupes étrangères qu'ils
sont obligés de recruter aujourd'hui parmi les
nègres de la Guinée, puisqu'ils ne peuvent
plus tirer des soldats du continent. Par suite de
cette dégradation , les sciences et les arts , qui
doivent leurs progrès à la navigation et au
commerce qu'ils alimentent à leur tour, seroient négligés ; car les muses ne se plaisent
qu'au milieu des peuples indépendants. Vos
princes, victimes de votre lâche pusillanimité,
se verroient bientôt réduits à la condition des
rajahs indoux ; et vous, les conquérans des
deux Indes, les vainqueurs des barbares de
l'Asie, les anciens maîtres des isles britanniques , vous auriez la honte d'augmenter le
nombre des tributaires de l'Angleterre, de leur
fournir de nouveaux cipayes!

Quoi ! tant de siècles de combats glorieux
des lumières contre l'ignorance , de la civilisation contre la barbarie, de la liberté sociale
contre l'esclavage, n'aboutiroient qu'à vous soumettre à l'égoïsme mercantile des nababs de
Londres? Le bonheur de l'Europe seroit une
chimère ; cent cinquante millions de continentaux courberoient sous le joug de neuf

millions d'Anglais? Vous vous dégraderiez à devenir leurs courtiers; vous détruiriez de vos propres mains vos ateliers, vos manufactures, pour rendre plus florissantes celles de Liverpool et de Birmingham! vous consentiriez de baisser votre pavillon devant celui du léopard, et vos vaisseaux ne pourroient voguer sur l'Océan qu'après en avoir obtenu la permission d'un peuple qui n'y occupe, pour ainsi dire, qu'un point imperceptible! D'égoïstes insulaires, dont il vous est possible de rabaisser l'orgueil par la famine en leur fermant vos ports, disposeroient de vos fertiles contrées, sans que vous, qui en êtes les propriétaires, puissiez vous y opposer!

A la vérité cette situation, aussi humiliante qu'insupportable, tourneroit au profit de quelques-uns de vos négocians, pour qui l'amour de la patrie n'est qu'un mot vide de sens; ceux-là trouvant beaucoup d'avantage d'être les commissionnaires des Bretons, ne manqueroient pas d'exalter les nouveaux Drake, Spencer, Rumbold, etc., etc., qui surveilleroient votre industrie, et écarteroient tous les hommes qui, pour la ranimer, voudroient défendre toute importation étrangère et obliger vos négocians à s'occuper du débit des manufactures

6

de leur pays plutôt que de celui des marchandises anglaises.

Tout ce que nous venons de dire n'est qu'une
très foible esquisse des maux que la moderne
Carthage vous prépare, et dont la Russie, son
alliée, voudroit avancer le terme. Leurs partisans ne manqueront pas de décrier ce tableau
comme exagéré ; mais que ceux qui porteront
un tel jugement tournent leurs regards vers
les côtes de l'Afrique, jadis couvertes d'états
si florissants ; les Grandes-Indes, berceau du
genre humain ; les bords si riches de l'Eu-
phrate ; la Grèce, si fertile en héros ; qu'ils se
rappellent les génies qui ont illustré ces contrées, qu'ils approfondissent les raisons de
leur décadence et de leur chûte, et qu'ils pro-
noncent alors s'il est impossible que notre Europe vieillie ne subisse le même sort, si elle
n'est pas régénérée, si elle ne recouvre pas le
libre exercice de ses droits sur les mers et le
commerce dont elle s'est laissée peu à peu dé-
pouiller.

Telle est la destinée que les Océanocrates et
leurs partisans s'évertuent inutilement de nous
préparer. Voyons maintenant celle vers laquelle
les forces de la France et des nations confédé-
rées tendent comme vers un but commun, et

qui ne peut manquer de nous arriver, si nous
soutenons par des efforts unanimes le héros qui
y dirige nos pas.

L'Europe, ranimée par la paix universelle,
se ressentira à cette époque d'une nouvelle vie.
Toutes les sources d'abondance, absorbées par
la guerre, se tourneront vers l'industrie, le
commerce et la navigation; les forces belli-
queuses, qui agitent aujourd'hui le sein de
l'Europe, seront dirigées vers les entreprises
maritimes; peu de temps suffira pour cica-
triser les plaies du continent.

Dès l'instant que les mers seront libres, les
manufactures recouvreront une activité d'autant plus grande, qu'on a appris à se passer
de celles des Anglais; les routes, les canaux,
préparés avec tant de sagesse par un génie
bienfaisant, seront couverts de marchandises
destinées à l'exportation. Les vaisseaux four-
milleront dans tous les ports; ils pourront y
entrer et en sortir, sans avoir à redouter
des corsaires, car l'Angleterre sera forcée de
reconnoître le code maritime de Napoléon; les
fonds enfouis rentreront dans la circulation, et
répandront une activité dont la bienfaisante
influence s'étendra sur toutes les classes. Depuis Lisbonne jusqu'à Saint-Pétersbourg, tous

les peuples du continent se trouveront réunis
par les liens d'un même intérêt : protégés par
les mêmes aigles, ils pourront librement échanger leurs productions contre les richesses des
deux Indes (18); cent cinquante millions d'Européens partageront les bénéfices du commerce
que moins de neuf millions d'Anglais vou-
loient se réserver exclusivement.

L'idée de l'équilibre politique qui étoit si
avantageuse pour l'Angleterre, sera remplacée
par une autre qui contrariera ses vues, en faisant valoir les titres qu'ont toutes les nations
à un droit commun sur terre et sur mer.

Le système d'*isolement* dans le commerce in-
troduit par l'avidité des Anglais, et d'après lequel chaque nation veut vendre ses manufactures à ses voisins, en se bornant, pour ses
besoins, aux productions de ses fabriques,
cause les plus grands embarras aux peuples
quand les débouchés ordinaires viennent à se
fermer (19). Ce système fera place à une politique plus libérale qui permettra à tous les
peuples le libre échange des productions de
leur industrie, sans chercher à faire fleurir les
fabriques d'une nation aux dépens de celles des
autres. Le commerce, comme l'industrie, ne
sauroient prospérer sans la liberté illimitée

des échanges. « Il seroit digne d'un siècle bar-
« bare, et non du siècle où nous vivons, celui
« qui viendroit mettre obstacle au juste déve-
« loppement de l'industrie des peuples. Les di-
« vers climats ont diverses productions. Les
« échanges font la fortune et la commodité
« réciproques. Que le commerce soit donc ré-
« tabli, mais qu'il le soit sur des bases justes et
« égales, que les peuples luttent entre eux
« d'économie et d'industrie, mais n'appuient
« pas par la force une industrie arbitraire. »
(*Mon.* du 31 juillet 1812.)

Les entraves momentanées mises sur le commerce des peuples d'après des principes d'une
politique éclairée usant du droit de représailles, cesseront donc d'exister aussitôt que
la nation qui, par le secours de ses machines
et de sa marine, auroit seule retiré tous les
fruits d'un commerce illimité, sera forcée d'a-
bandonner ses prétentions révoltantes.

Le commerce, débarrassé de ses entraves,
délivrera à son tour les arts, qui, malgré les
efforts d'un génie supérieur pour les stimuler,
ne pourront tous être employés que lorsque
le commerce, redevenu libre, aura répandu
une aisance générale sur toutes les classes de
la société.

Les sciences profiteront des communications rouvertes entre les peuples. La liberté de la navigation sur toutes les mers leur apportera de nouveaux élémens.

C'est alors que nous verrons achever tous les plans sublimes qu'un héros seul pouvoit enfanter, lequel embrasse avec une égale ardeur et la grandeur de l'antiquité et les idées libérales de notre siècle ; qui , quoique triomphateur, semble ne vouloir monter les marches sacrées du Capitole qu'après avoir réalisé les belles espérances qu'il a fait naître.

Européens ! c'est à vous à déterminer quel parti mérite votre adhésion , à décider de votre sort et de celui de vos arrières-neveux. Leur laisserez-vous pour héritage l'opprobre et l'avilissement que les nouveaux Punes vous préparent, ou saisirez-vous l'occasion de recouvrer votre antique illustration ? Etes-vous effrayés des privations que vous aurez à vous imposer pendant cette lutte? Les Romains n'avoient encore qu'un seul vaisseau quand ils furent attaqués par les Anglais de l'ancien monde les Carthaginois, qui prétendoient aussi à l'empire universel des mers. Ils ont soutenu contre eux trois pénibles guerres ; les revers qu'ils éprouvèrent ne furent point capables d'intimider leur courage ; c'est par leur constance qu'ils sont venus à bout d'exterminer ces oppresseurs des mers, et une prospérité sans égale en devint la récompense.

Français ! vous avez décidé, et les drapeaux des nations de l'Europe se sont réunis à vos aigles. Vous n'avez pas cessé un moment de déployer la plus grande énergie pour amener cet avenir heureux et tranquille dont nous venons d'esquisser le tableau. Fiers du noble rôle dont les destins vous ont chargé, de revendiquer aux deux continents les droits imprescriptibles qui appartiennent aux nations civilisées, vous avez surpassé les efforts des anciens habitants des sept collines, et su créer, en peu d'années, une flotte de 90 vaisseaux de ligne , qui porteront tôt ou tard vos aigles vengeurs chez ces insulaires vaincus jadis par le premier des Césars. L'univers est étonné de votre constance et de votre héroïsme : déja le burin de l'histoire s'apprête à graver sur ses tables d'or, à côté des entreprises les plus illustres de l'antiquité, le plus grand de vos travaux, l'*affranchissement de l'industrie continentale et la liberté des mers.*

Quel sort peut se comparer au vôtre ! Tous les peuples le regardent avec envie ! «Quoi ! »

s'écrient-ils, « ne suffit-il pas à la France que les lumières de la civilisation soient sorties de son sein, qu'elle ait perfectionné la constitution fondamentale des empires et les modes d'administration? La gloire éternelle de son régénérateur n'est-elle donc pas suffisamment garantie par ce qu'il a fait pour rompre les entraves de la féodalité; pour avoir trouvé le premier le mot de l'énigme sanglante du Contrat social? Faut-il qu'il remporte toutes les palmes en nous donnant, par *la création d'un code maritime* et par *la garantie contre les incursions des Barbares*, cette précieuse indépendance sans laquelle nous ne pourrions prospérer (20)? »

Tel est, Français, le langage que tiennent vos alliés; mais s'ils sont jaloux de la préférence que le ciel vous a donnée, ils ne s'empressent pas moins de vous suivre dans l'arêne pour participer à vos combats, comme ils participeront aux fruits de vos victoires.

Achevez donc, avec votre énergie accoutumée, cette guerre populaire, cette guerre sacrée du continent contre les Anglais et leurs alliés. Il y va de ce que vous avez de plus cher, l'honneur.

Italiens! vos aigles captifs depuis tant de

siècles ont repris leur essor. Rappelez-vous
que votre patrie fut le berceau de la civilisation européenne; que vous ne devez qu'aux
victoires des armées françaises la restauration
de votre antique splendeur, et que sa conservation dépend de la durée du système continental.

Allemands! dont l'ame est si susceptible
d'être électrisée par les grandes idées; qui les
premiers avez traité et rédigé les principes du
droit des gens, vos sacrifices seront bientôt
récompensés! Déja vos provinces, où la différence des lois et des constitutions sembloit
avoir élevé des barrières infranchissables, se
sont rapprochées, et ces rapprochemens vous
présagent un avenir glorieux. La manière de
voir et de juger s'élève et s'aggrandit à mesure
que les frontières reculent, et le domaine des
sciences et des arts augmente dans la même
proportion. Votre situation dans le cœur de
l'Europe vous met en contact avec presque
tous les peuples européens, et facilité les
échanges des idées comme ceux des productions. Vous recueillez des lauriers plus dignes
de vous en attaquant les ennemis du continent, que lorsque vous vous combattiez mu-
tuellement dans les dissensions excitées par

les Anglais, qui, en déchirant le sein de votre
patrie, ne vous ont jamais permis de réunir
vos vœux, de fixer vos opinions, de vous
créer un caractère national.

Vous, nobles et braves Polonais ! chez lesquels l'enthousiasme inspiré par l'amour de la
patrie, ne redoute pas les plus grands sacrifices, votre récompense a commencé. L'aigle
blanc renaît de ses cendres et rallie sous ses
ailes les descendans des vaillans Sarmates.
Votre existence, l'ouvrage visible d'une Né-
mésis divine, le trophée peut-être le plus doux
au cœur du régénérateur de l'Europe, proclame et la sagesse de ses projets et le bonheur
des enfans des Piast et des Jagellons. Enfin, les
outrages faits aux mânes de tant de héros qui
ont succombé en défendant votre liberté, vont
être vengés. De nouveaux Sigismond, de nouveaux Sobiesky vont régner sur vous et démontrer cette vérité, « que, pour germer sur
« le sol de la Pologne, les vertus n'avoient be-
« soin que d'y être cultivées par des mains
« libres, par les mains désenchaînées de ses
« propres enfans. »

Il n'appartient qu'à des nations civilisées de
combattre pour des idées libérales, d'adoucir
les horreurs de la guerre en leur substituant

un but humain ou chevaleresque. Nos aïeux
se sont levés en masse pour conquérir un tom-
beau révéré; armés de la croix et de l'épée,
ils ont entrepris ces fameuses croisades, et
fondé de nouveaux royaumes. La chevalerie
vint éclore; elle fut la fleur d'où naquit le
fruit de la civilisation. Quelques siècles plus
tard, ils ont affronté les tempêtes pour chercher sur les mers un nouveau monde; le génie
de l'homme avoit dit : *il doit exister un autre
hémisphère*, et il fut découvert, et l'industrie
et le commerce acquirent des domaines immenses. Nos pères se sont armés pour revendiquer la liberté des consciences, et la raison
reprit son ancien empire.

Notre esprit a saisi l'idée d'une meilleure
condition du genre humain, qui exige de nouvelles formes sociales à mesure que ses lumières augmentent. Nous sentons toute l'ur-
gence de *la liberté de l'industrie* et *d'un code
maritime*, et encore ces idées seront réalisées
lorsque nous le voudrons énergiquement (21);
nos garants du succès sont la *justice* de cette
cause et le *héros* qui conduit nos armées
réunies. Nous trouvons dans l'histoire ancienne et dans celle de nos jours la confir-
mation de ce mot de l'empereur des Français,

« *que la véritable politique n'est autre que la morale envisagée et pratiquée sous un point de vue plus étendu ; qu'aucune autre ne peut offrir des résultats heureux et durables* ». Si elle est injuste, elle finit par entraîner la perte des hommes d'état, qui regardent la politique et la justice comme deux choses différentes : la Providence se plaît à confondre ce principe, comme elle aime à protéger le premier. Or, peut-on trouver une politique plus juste, plus grande et plus magnanime que celle dont tous les efforts ne tendent qu'à faire partager aux deux continents, avec la liberté de la navigation, les bienfaits de l'industrie affranchie ?

Si une politique injuste pouvoit l'emporter par des succès assurés et durables, la morale n'auroit plus de base naturelle et positive ; lorsque lord Chatam a dit *que l'Angleterre n'existeroit pas vingt-quatre heures si elle vouloit être juste envers la France,* il a prononcé l'arrêt de mort de son pays, car il a avoué que sa prospérité étoit basée sur l'injustice, et une telle prospérité doit s'écrouler.

Dira-t-on que la cause la plus juste est quelquefois trahie par la fortune, et que les plus belles conceptions n'ont pas toujours eu le succès que le genre humain s'en promettoit ?

Si nous examinons pourquoi tant de guerres multipliées depuis des siècles n'ont abouti qu'à faire gémir l'humanité ; pourquoi des princes qui ne manquoient ni de génie, ni de courage, n'ont laissé d'autres traces de leurs exploits qu'un vague et triste souvenir dans l'histoire ; pourquoi tant de malheurs et de sang répandu n'ont-ils pu amener les peuples à une paix durable, nous en trouverons la raison dans le peu de constance et de fermeté de la part des princes même : rebutés par des résistances imprévues, séduits quelquefois par une pitié mal entendue d'abréger les maux présents, satisfaits d'ailleurs de quelques avantages passagers, ils renoncèrent à l'exécution de leurs desseins, et par là rendirent inutiles tous les sacrifices faits précédemment par leurs peuples. Il n'est donc pas étonnant que des demi-mesures n'aient été couronnées que par des demi-succès, et que leurs successeurs se soient trouvés continuellement obligés de faire renouveler les premiers sacrifices, et de recommencer le même cercle de guerres.

Pour la première fois l'Europe a vu confier ses destins à un génie, « qui sait attendre du « temps ce que le temps doit produire, et main-« tenir avec une imperturbable constance un

« système et un plan de conduite dont il a cal-
« culé les résultats infaillibles » (Rapport de
S. Exc. le ministre de la guerre à S. M. I. , du
10 mars 1812) ; qui a assez de force pour ne
pas sacrifier à un repos brillant, mais qui
seroit illusoire, les droits sacrés de notre
siècle et de la postérité ; à un génie enfin
déterminé à transmettre aux dernières générations, avec le souvenir glorieux de tant
d'exploits, une paix conquise par les travaux
les plus héroïques, et consolidée par les plus
sages institutions.

Ce qu'il a fait depuis douze ans, pour le
perfectionnement de l'état social, et que les
générations à venir prendront pour l'ouvrage
de plusieurs siècles, est le garant de l'avenir
fortuné qu'il prépare à l'Europe. Objet per-
pétuel de ses méditations, elle sortira de sa
tête comme une autre Pallas, rajeunie, armée,
brillante de vigueur et de gloire ; l'histoire des
temps passés s'engloutira dans le fleuve de
l'oubli comme un songe douloureux dont on
cherche à bannir le souvenir. Une ère nouvelle commencera avec le moment où les mers
auront été affranchies ; tous les embarras,
toutes les privations que nous avons éprouvés

et éprouvons encore, seront changés en bienfaits, comme les dissonances se réduisent en harmonie sous la main d'un savant compositeur.

L'imperturbable persévérance de Napoléon,
cette force d'ame indispensable dans le chef
d'une grande nation, qui s'est chargé d'une
entreprise aussi héroïque, seront couronnées
de la manière la plus brillante par l'abondance dont tous les peuples se ressentiront,
et dont lui seul aura pu ouvrir les canaux.

Montrons-nous donc dignes d'être ses con-
temporains, déployons une constance semblable à la sienne, pour que la postérité, si elle
étoit trahie par notre pusillanimité, ne portât
pas de nous ce jugement terrible : « Un génie
« supérieur avoit mis toute son ambition à leur
« conquérir l'avenir le plus heureux ; mais dé-
« tournés par les besoins du moment, ils ne le
« comprirent point. Ils s'obstinèrent à regarder
« comme étant d'un intérêt particulier ce qui
« étoit réellement la cause de toutes les nations.
« Jaloux de la gloire qui devoit rejaillir sur le hé-
« ros magnanime qui vouloit les affranchir de
« leur antique et honteuse dépendance, ils refu-
« sèrent de le seconder dans cette entreprise;
« n'ayant ni assez de courage pour faire de

« mâles sacrifices, ni assez de force pour s'é-
« lever à la hauteur des plus heureuses concep-
« tions, ils laissèrent échapper le moment, qui
« auroit assuré pour des siècles et leur bonheur
« et le nôtre ! »

W.

F I N.

NOTES.

(1) Malgré que la Russie eût promis de seconder puissamment l'armée française, elle n'envoya dans cette campagne que 15,000 hommes, lesquels ne dépassèrent ses frontières qu'après que le sort de la guerre eut été décidé. Certes, c'est bien le cas de dire que la récompense étoit bien au-dessus du service.

Cette conduite, aussi singulière qu'équivoque qu'elle tînt alors, sembleroit justifier le bruit généralement répandu en Autriche, que la Russie avoit promis clandestinement son secours à la cour de Vienne, ou du moins son inactivité, à condition qu'elle fourniroit des vivres aux troupes moscovites cantonnées sur les frontières de la Gallicie : on a même assuré que ces fournitures avoient eu lieu ; mais comme un tel exemple de duplicité seroit inouï dans l'histoire des peuples, il faut le regarder comme une supposition peu fondée.

(2) *Colosse boréal.* On a dit que cette expression étoit impropre ; que la Russie devoit plutôt être comparée à cette espèce d'araignées connues sous le nom de *faucheurs*, dont le corps, extrêmement petit, est

7

supporté par de longues pattes, lesquelles se déta-
chent au moindré obstacle que cet insecte rencontre
dans sa marche gigantesque. On sera tenté de pré-
férer cette dernière comparaison , surtout si l'on fait
attention aux craintes que le grand-duché de Varsovie inspire au Goliath du nord. Une autre observa-
tion , attestée par tous les voyageurs, peut encore
contribuer à nous éclairer sur la prétendue force de
cet empire. On regarde à Moskwa, comme un fait
certain , qu'un porte-faix étranger porte le double de
la charge d'un porte-faix russe , et qu'un Russe fait
autant de travail à lui seul que trois ou quatre Asia-
tiques.

(3) C'est bien ici qu'on peut relever l'inconséquence des hommes exagérés par l'intérêt. Les partisans de l'Angleterre applaudissent au moyen employé
par Cromwel pour encourager l'industrie nationale ;
mais quand un état de nos jours prend de pareilles
mesures pour réprimer le commerce des Anglais
infiniment plus étendu que ne l'a jamais été celui de
la Hollande dans sa plus grande prospérité , ces
mêmes hommes se récrient et s'apitoient sur les
entraves qu'on met sur le commerce. Cependant il
ne peut y avoir de doute que les commissionnaires
hollandais perdirent alors en Angleterre, proportion gardée, autant que les commissionnaires anglais
perdent aujourd'hui sur le continent.

Le budjet de 1812, présenté à la chambre des

communes le 18 juin de la même année, fait monter
le total des dépenses à 62,376,318 liv. st.

Voici l'emploi des dépenses :

Armée de terre. . . . . 25,257,299 l. st.
(y compris les dépenses extraordi-
naires).

Marine (sans l'artillerie) 19,702,399
Artillerie de terre et de mer. . . 5,278,777
Etat civil. 3,200,000
Intérêts des billets de l'échiquier,
et remboursements. 4,187,843
Services imprévus. 2,350,000
Subsides au Portugal. 2,000,000
A la Sicile. 400,000

_____

62,376,318 (a)

On voit dans ce bordereau qu'il
n'est pas question des intérêts de la
dette publique, qu'il est nécessaire
de comprendre ici, et qui montent
à 30,926,000

_____

93,302,318

(a) Ces dépenses seront couvertes :

Par le produit des taxes, ou
le revenu net. . . . . 38,987,318 l. st. (935,695,632 f.)
(y compris ce qui reste de la
landtax, après avoir acquitté
les intérêts de la dette publiq.)

Par l'emprunt voté de. . . 23,389,000 (561,336,000)

Total. . . . . 62,376,318 l. st. (1,497,031,632 f.)

De l'autre part. . . . . 93,3o2,3.8 l. st.

Ces intérêts ne paroissent pas dans le budjet du chancelier, parce qu'ils sont acquittés par la banque, qui reçoit à cet effet le produit de la landtax et le revenu du fonds consolidé, évalués ensemble (d'après le produit de 1811) à 34 millions 5o4;ooo liv. st., et dont le surplus est employé, conjointement avec le produit des autres taxes (*voyez* la note *a*) et avec l'emprunt, à faire face aux dépenses consignées dans le budjet.

Il faut encore ajouter la taxe des pauvres, celle des barrières, enfin les octrois destinés aux dépenses particulières des villes, environ de 12,000,000

En outre le chancelier a demandé le 14 juillet un nouveau crédit, probablement destiné pour les subsides à la Russie. 3,000,000

Les sujets de S. M. B. ont en conséquence à payer, dans l'année 1812. . . , ... 108,3o2,3.8 l. st.

environ 2,6oo,ooo,ooo de France; encore, malgré l'énormité de cette somme, ne sont-ils pas à l'abri ni des emprunts supplémentaires, ni des taxes additionnelles.

(5) Le 8e article du traité portoit : « Que les sujets
« des deux puissances devoient jouir dans tous les
« pays sujets à l'une ou à l'autre des mêmes libertés
« et priviléges dont jouit présentement ou pourra
« jouir à l'avenir la nation étrangère la plus favo-
« risée. »

Le 18e article est ainsi conçu : « Les sujets des deux
« puissances pourront naviguer en toute liberté et
« sûreté, sans qu'on puisse faire distinction des pro-
« priétaires des marchandises dont les navires seront
« chargés, de quelque port que ce soit, vers les places
« des souverains, qui sont déjà ou sont prêts d'entrer
« en guerre avec l'Angleterre ou la France.

« Il sera pareillement permis aux susdits sujets de
« naviguer et de négocier avec les mêmes vaisseaux
« et marchandises, dans la même liberté et sûreté,
« des places, ports et rades de ceux qui sont enne-
« mis de l'une ou l'autre des parties, sans la moindre
« contradiction ou empêchement ; non seulement des
« places ennemies ci-dessus mentionnées à quelques
« places neutres, mais même d'une place ennemie à
« une autre place ennemie, soit qu'elles soient si-
« tuées dans la jurisdiction d'un même ou de plu-
« sieurs souverains : et comme il a déjà été stipulé,
« à l'égard des navires et des marchandises, *que la*
« *liberté des navires emporte celle des marchan-*
« *dises*, et que tout ce qui se trouvera dans les na-
« vires des sujets de l'un et de l'autre allié doit être
« censé franc et libre, quand même toute la charge

« ou une partie d'icelle appartiendroit aux ennemis
« de l'une ou l'autre majesté (excepté toujours néan-
« moins les marchandises de contrebande, pour les-
« quelles on se réglera dans les articles qui vont sui-
« vre), on est également convenu que la même liberté
« doit aussi s'étendre aux personnes qui se trouveront
« à bord des vaisseaux libres, ensorte que quand même
« elles seroient ennemies de l'une ou de l'autre partie,
« elles ne pourroient être tirées d'un vaisseau libre, à
« moins qu'elles ne soient militaires et au service de
« l'ennemi. »

L'article 26 dit nommément : « Le vaisseau et les
« marchandises qui y auront été trouvées (sauf les
« marchandises de contrebande), ne pourront être
« retenus, sous prétexte qu'elles seroient chargées
« avec des marchandises défendues, et encore moins
« être confisquées comme une prise légitime........
« Le navire visité est libre, après avoir montré ses
« lettres de mer et justifié qu'il ne porte point de
« marchandises exprimées et désignées comme con-
« trebande, de poursuivre sa route, sans qu'il soit
« permis en façon quelconque de l'obliger à se dé-
« tourner du lieu de sa destination. »

(6) Sans rappeler les faits antérieurs à notre temps,
qui auroit oublié la prodigalité avec laquelle l'Angleterre a fomenté l'anarchie dans la France pour parvenir à détruire sa marine ; l'enlèvement, en 1796,
de quatre gallions espagnols, dont les lingots furent

portés en triomphe à la trésorerie de Londres, comme
autant de trophées acquis par une juste guerre ; la
prise de deux cent cinquante bâtiments français na-
viguant sur la foi du traité d'Amiens ; celle des bâtiments américains, en 1805, qui commerçoient en
toute sécurité avec les colonies françaises ; l'incendie
de Copenhague, et le bombardement des Dardanelles
en 1807, événements qui n'ont été précédés par aucune déclaration de guerre ; enfin, ces nombreuses
pirateries exercées contre les vaisseaux marchands
de l'Amérique, de la Prusse, de la Russie, du Dane-
mark et de la Suède, toutes les fois que ces états
hésitoient de souscrire sans réserve aux volontés des
Océanocrates.

Lorsque l'histoire aura recueilli tous les faits qui
se sont passés depuis la guerre des Etats-Unis d'Amérique jusqu'à l'époque actuelle, et que la postérité
pourra énumérer cette longue suite de pirateries exercées par l'Angleterre, elle ne pourra concevoir comment les nations européennes, si justement célèbres,
ont pu seulement tolérer une semblable tyrannie :
elle concevra encore moins comment, pendant toute
la guerre de la révolution, quelques unes aient été
assez aveuglées sur leurs propres intérêts pour
soutenir des projets entièrement contraires à leur
industrie et à leur commerce.

Aussi cette condescendance de leur part a-t-elle été
payée du seul retour qu'on devoit attendre de ce
peuple ; elles ont été tour à tour sacrifiées par cette
même Angleterre à laquelle elles avoient tout prodigué.

(7) Pitt avoit pris Guillaume III pour modèle. Comme ce prince, il vouloit rendre l'Angleterre l'arbitre suprême des nations, lui procurer le commerce du monde et l'empire des mers; mais il y avoit entre Guillaume et Pitt la différence qu'il y aura toujours d'un politique militaire à un politique marchand. L'idée que c'est l'or et non l'épée qui fait pencher la balance, s'étoit emparée de toutes les facultés morales de ce ministre, et ne lui permettoit pas d'entrevoir que l'or n'a point de tranchant comme le fer, et que le génie armé de l'épée peut soumettre tous les marchands de l'univers. Pitt a changé les négociations diplomatiques en négociations de subsides, car les emprunts lui donnoient les moyens de faire des traités de subsides plus étendus que jamais, et de leur donner une influence sur les affaires européennes qui surpassoit les calculs les plus exagérés : aussi a-t-il donné plus de profondeur à l'abîme que Guillaume III n'avoit fait qu'ouvrir. La dette que ce dernier laissa à l'Angleterre n'était, en 1701, que de 16,394,702 liv. st. ; elle était parvenue, en 1784, à 257,213,043 liv. st. : de cette année à 1801 que dura l'administration de Pitt, il trouva le secret de doubler cette énorme dette et de la faire monter, en moins de dix-sept ans, à 579,911,447 liv. st. (environ 14 milliards de France). Si l'on demande maintenant quels ont été les résultats des efforts aussi extravagans que ce *grand homme d'état* a fait supporter à l'Angleterre, l'histoire répondra : Le pouvoir d'un

visir pour lui, et pour son pays le renvoi des deux
tiers des ouvriers et la destruction de la moitié des
métiers !

Depuis 1801 jusques et compris l'emprunt de juin
1812, la dette de l'Angleterre est montée à 860 millions sterling, ou 20 milliards 640 millions de
France. Il faut convenir que les successeurs de Pitt
ont parfaitement secondé ses vues, en préparant à
la Grande-Bretagne la banqueroute la plus éclatante,
dont on ne trouvera aucun exemple dans les annales
du monde.

Ici se présente naturellement la réflexion que la
vente des possessions réunies de l'Angleterre ne suffiroit pas pour rembourser le capital, qui, partagé
entre les habitans de l'Angleterre seulement, monte-
roit à 2,000 fr. par tête. Ainsi l'enfant qui ne fait
que de naître, qui ne possède rien, est déjà créancier
envers son pays de cette somme, dont il ne peut toucher les intérêts que par les impôts qu'il doit un jour
payer lui-même. Chaque année sa créance augmente,
de sorte que bientôt les revenus ordinaires de ce pays
ne suffiront plus au paiement de l'intérêt.

D'où les Anglais retirent-ils les sommes énormes
qu'ils sont obligés d'avancer et de donner? Du commerce qu'ils font avec les nations ; mais ce commerce
est sujet à des chances ; l'industrie des peuples peut y
mettre des bornes ; de longues privations font perdre
l'habitude d'anciens besoins ; des guerres, des chan-
gemens politiques survenus dans les constitutions

des peuples font abandonner d'anciennes routes de commerce et en ouvrent de nouvelles. Ainsi, indépendamment de l'issue de la guerre actuelle, nous voyons que la prospérité d'un état purement marchand est extrêmement précaire, et que l'Angleterre pourroit bien descendre dans le rang que Gênes, Venise, le Portugal, la Hollande, états jadis si florissants, occupent aujourd'hui. Le Nil et la mer Rouge semblent indiquer au commerce une nouvelle route, qu'un génie, qui ne connoît point d'obstacle, peut facilement frayer ; les traces des communications entre l'Europe, la Perse et les Grandes-Indes, par Byzance et Tauris, ou par Samarkand et Balk, ne sont pas entièrement effacées.

On ne doit donc pas s'étonner des efforts de la Grande-Bretagne pour conserver le commerce exclusif du continent : c'est du continent qu'elle en retiroit ses moyens pécuniaires. Le continent étoit donc chargé d'une dette qu'il n'avoit point contractée ; il en payoit les intérêts, de ses productions territoriales et de son industrie. Il est impossible que cet état des choses puisse rester tel qu'il est. L'Europe connoît ses droits, elle sait apprécier sa force et son pouvoir : elle ne souffrira pas davantage que des insulaires fondent leur fortune sur ses dissensions et ses malheurs.

(8) Cet ordre portoit « que le commerce direct entre les neutres et les colonies ennemies ne devoit

pas être interrompu, à moins que dans le voyage à
l'extérieur les neutres n'eussent fourni des objets de
contrebande. »

(9) Dans ces derniers temps le conseil anglais, s'a-
percevant que ses adoucissements ne pouvoient faire
prendre le change à une nation jalouse de son indépendance, se rappela que le gouvernement français
avoit révoqué pour l'Amérique, le 28 avril 1811, ses
décrets de Berlin et de Milan ; en conséquance, *qua-
torze mois après* (le 23 juin 1812), il rapporta ses
ordres des 7 janvier 1807 et 26 avril 1809, en ce qui
concernoit les navires des Etat-Unis et leurs cargai-
sons. Il est sans doute fâcheux qu'une perfide mé-
moire compromette les ministres de S. M. B. au point
de faire croire que ce rapport tardif a été occasionné
par la crainte des armements américains. Toutefois il
semble que M. Forster les avoit mal instruits sur les
dispositions de ce gouvernement, puisque celui-ci a
déclaré la guerre à l'Angleterre cinq jours avant le rapport des ordres du conseil. Mais examinons un moment si les Américains mêmes, sans avoir déclaré
cette guerre, auroient pu se croire satisfaits par cette
révocation.

De tous les neutres, les Américains sont ceux qui
ont le plus souffert des prétentions de la Grande-
Bretagne ; l'œil défiant des négociants anglais ne voyoit
en eux que d'anciens sujets et des rivaux dangereux :
c'étoit plus que suffisant pour déclarer que le com-

merce des Etats-Unis étoit incompatible avec la prospérité de l'Angleterre. « Il a été plus que suffi-
« samment prouvé (dit le président des Etats-Unis
« dans sa déclaration du 1 er juin 1812) que le com-
« merce des Etats-Unis devoit être sacrifié, non parce
« qu'il contrarie les droits de guerre de la Grande-
« Bretagne, non parce qu'il fournit aux besoins de
« ses ennemis, auxquels elle fournit elle-même, mais
« parce qu'il contrarie le monopole, qu'elle convoite
« pour son commerce et sa navigation. » Cette convoi-
tise frustre les négociants anglais de douze millions
sterling que leur rapportoit annuellement le commerce avec les Etats-Unis ; et, ce qui est pis encore
que cette perte passagère, c'est que les Américains se
déshabitueront des manufactures anglaises, et qu'ils
les remplaceront. Le rapport des ordres du conseil,
de 1807 et de 1809, n'avoit d'autre but que de conserver le bénéfice d'un commerce qui alloit leur
échapper ; mais en cela les principaux griefs des nations maritimes n'ont pas été levés ; le blocus imaginaire des côtes et ports français, établi par la déclaration de 1806, ne fut pas rapporté. La cour de
Londres espéroit que le Gouvernement français
laisseroit entrer librement les Américains dans les
ports anglais, tandis que, s'appuyant de ses déclarations de blocus de 1806 et suivantes, confir-
mées par les actes du parlement du 14 avril et du
23 juin 1808, dont le dernier régloit le commerce
entre les Etats-Unis et la Grande-Bretagne, les vais-

seaux de l'Angleterre auroient pris tous ceux qui voudroient entrer dans les ports français. Un piége aussi grossier étoit trop visible pour qu'il pût rien changer à la conduite de la France et à celle des États-Unis. Fideles aux lois de l'honneur, ils ne voulurent pas profiter d'une concession qui n'aboutissoit qu'au profit de l'une des puissances belligérantes, et laissoit indécise la grande question sur les droits des neutres et la presse de leurs matelots. Les ministres anglais, qui ne firent ce demi-pas vers la justice que parcequ'ils avoient enfin reconnu « *que les ordres du conseil étoient ruineux pour leur pays* », n'en ont donc retiré que la conviction tardive qu'une politique injuste tourne tôt ou tard contre son auteur. « Ils ont voulu, par les arrêts de leur conseil, « se procurer cinq à six cents millions, qu'ils comp-« toient lever annuellement sur les consommations de « toute l'Europe ; et ils ont perdu leur commerce et « détruit leur industrie, tandis que l'industrie du « continent a fait les plus rapides progrès. L'effet des « arrêts du conseil britannique a été d'exciter une « émulation au-delà de toute prévoyance. La France, « le grand-duché de Berg, la Saxe, l'Autriche ont « fabriqué tout ce que fabriquoient les Anglais, et « ont porté leurs produits à une perfection qui égale « et qui surpasse même quelquefois celle de l'Angle-« terre. » (*Moniteur* du 8 mai 1812.)

Par le rapport de leurs ordres, les conseillers anglais se sont donné un démenti bien gratuit d'injustice, et ont confirmé la vérité, que les mesures énergiques du système continental, adoptées par tous les peuples, les forceroient nécessairement à déroger à leurs prétentions sur les mers. En dévoilant ainsi le secret de leur foiblesse, ils ne peuvent manquer d'encourager les habitants des deux continents à persévérer dans les résolutions qu'ils ont prises pour réduire l'ambition de l'Angleterre. Intimidée, déjà elle recule à chaque pas que les nations alliées font en avant. Le bruit d'un embargo en Amérique, vers la fin de mars dernier, lui avoit dicté la déclaration préparatoire du 21 avril 1812, dans laquelle elle promit de rapporter ses ordres, si la France rapportoit ses décrets. L'énergique déclaration du président des Etats-Unis, et le rapport du comité des relations extérieures, du 1er juin, lui ont suggéré l'ordre du 23 juin dernier ; mais cette tardive condescendance avoit été prévenue par la déclaration de guerre publiée à Washington le 18 juin. Elle aura sans doute à se repentir d'avoir irrité une nation qui possède cent quarante mille matelots et quinze mille bâtiments au dessus de deux cents tonneaux de port, qu'elle peut convertir en corsaires, dont cent sept étoient en mer avant le 16 septembre. A la même époque, le président des Etats-Unis avoit déja accordé six cent quarante commissions de lettres de marque.

C'est surtout dans la péninsule que la Grande-Bretagne éprouvera tous les effets de l'inconséquence de sa conduite envers l'Amérique. L'embarras dans lequel elle se trouve de pourvoir à la subsistance des flottes et des armées qu'elle y entretient, l'a déja poussée à accorder des licences aux vaisseaux neutres chargés de provisions, et venant des Etats-Unis pour entrer dans les ports de Cadix et de Lisbonne, *soit que la cargaison appartienne à un Américain ou à un autre;* ce qui revient à dire que, malgré qu'elle ait forcé les Américains à lui faire la guerre, elle veut bien leur permettre de commercer sous *pavillon neutre,* pourvu qu'ils approvisionnent ses flottes. « C'est ainsi que le cabinet anglais a été « obligé, par la force des choses, à reconnoître ce « principe, *que le pavillon couvre la marchandise;* « principe qu'il avoit nié avec tant d'obstination, et « dont la reconnoissance est le principal objet des « demandes de la France. » (L'*Alfred* du 8 août.)

Les Anglais ont enfin accordé aux bâtiments américains navigant avec une licence anglaise, toute sûreté pour continuer leur route ; mais les Américains, conduits par le sentiment de leur dignité, prennent en mer ceux de leurs propres vaisseaux qui sont munis de telles licence ; et s'ils arrivent dans les ports, ils sont confisqués en vertu de l'acte de non importation.

(10) Voici le bilan de 1802, l'une des années où la Russie exporta le plus d'articles.

	Exportation. roubles.	Importation. roubles.
Vivres et boissons.	12,454,741.	15,636,521.
Métaux.	4,670,467.	11,423,316.
Matériaux bruts	36,390,378.	10,223,984.
Manufactures.	7,879,909.	17,536,555.
Bétail.	1,444,826.	709,911.
Pierreries et autres objets.	437,438.	999,807.
	63,277,759.	56,530,094.

La balance, d'après ce bilan, seroit à la vérité en faveur de la Russie, de 6,747,665 r. ; mais cette somme, toute modique qu'elle soit, n'a plus de valeur d'après les assertions des Anglais, qui prétendent que l'exportation excédoit chez eux l'importation de 14 à 15 millions l. st. par an. Il est incontestable que ce bénéfice ne peut être prélevé que sur des peuples qui ont aussi peu de fabriques que la Russie. Si cet état gagnoit annuellement 6 millions de roubles par son commerce, l'argent comptant n'y seroit pas remplacé comme il l'est par un papier-monnoie perdant d'un jour à l'autre ; preuve certaine que les marchandises fabriquées, importées par les Anglais, enlèvent plus de numéraire que les exportations n'en rapportent.

« Quoi qu'on en dise en Russie » (dit l'auteur des Mémoires secrets sur la Russie, et qui a vécu long-temps dans ce pays), « le commerce y est toujours

« passif; toutes les productions naturelles de cet em-
« pire ne peuvent payer les objets de luxe étrangers,
« importés dans les deux capitales. Un vaisseau chargé
« de quincaillerie anglaise équivaut à trente bâtiments
« chargés de fer, de bois ou de chanvre. L'Anglais
« emporte du cuir, et rapporte des souliers; du
« grain, et rapporte de la bière, etc. Le seul pays
« avec lequel la Russie pourroit faire un échange di-
« rect de productions, c'est la France, qui peut lui
« livrer l'huile et le vin; la Russie aime mieux les
« acheter de la troisième ou quatrième main, et les
« payer le double.... Les Anglais sont les seuls pour-
« voyeurs de la Russie, et les arbitres du prix de ses
« productions et de la valeur de ses roubles, puis-
« qu'eux seuls fixent le change : ils font, en un mot,
« ce commerce avec le même avantage qu'on le fait
« chez tous les peuples barbares, dont le gouver-
« nement plus barbare encore vend des priviléges à
« quelque compagnie exclusive. »

La Russie, qui, comme nous venons de le voir,
perd dans son commerce direct avec l'Angleterre, a
dû nécessairement éprouver une diminution de numéraire, laquelle, jointe à la modicité de ses revenus
(environ 100 millions en papier et 12 millions en
espèces, ou 150 millions de francs d'après le cours),
l'a forcé à créer un papier-monnoie. Ce palliatif a
bientôt éprouvé, comme dans tous les états qui en
ont émis, une dépréciation progressive de 400 pour
100. Le gouvernement, au lieu de faire monter le

8

cours de son papier-monnoie par de sages opérations de finances, a cru devoir profiter de la facilité de sa création pour essayer à réaliser des projets beaucoup au dessus de ses forces ; c'est ainsi qu'on l'a vu en peu d'années recommencer quatre fois la guerre contre la France, prenant pour principe, qu'en attendant un grand coup qui puisse rétablir ses finances, la plus petite acquisition n'étoit pas trop chèrement achetée par des préparatifs qui ne coûtoient que du papier, et que s'il éprouvoit des revers, il ne perdoit que du papier et quelques milliers d'esclaves. Le temps prouvera bientôt la fausseté de ce calcul.

(11) Ce n'est pas une exagération de dire que le transport ne coûte presque rien en Russie. Des oignons, des raves, telle est la nourriture des rouliers, dont le plus grand régal est l'eau-de-vie (*quaes*) ; ils font paître leurs bœufs et leurs chevaux d'attelage le long des routes où se trouvent des terrains consacrés à cet usage. Arrivés à leur destination, ils vendent leurs chariots qui sont rarement ferrés, comme bois de charonnage, ainsi que les bœufs, qu'on achète pour les engraisser ; et s'en retournent, contents d'avoir été défrayés pour le chemin qu'ils auroient été obligés de faire, s'ils n'étoient venus que pour vendre leurs bois et leurs bestiaux qu'ils ont en abondance.

(12) Si l'aisance des négociants habitant les ports

de mer, et les revenus des douanes, donnoient la juste
mesure d'apprécier la richesse d'un pays, les habitants de la Livonie et de l'Esthonie seroient sans con-
tredit les peuples les plus heureux de la Russie, parce
que c'est dans ces provinces que les douanes rapportent le plus, et que les négociants les plus riches
y résident; cependant il est connu qu'ils sont les
plus misérables. L'Espagne et le Portugal auroient
également passé pour des royaumes très florissants,
puisque les gains de leur commerce et les produits
de leurs douanes étoient très considérables par l'importation de tous les articles dont ils avoient besoin,
et d'un grand nombre d'autres qu'ils revendoient à
leurs colonies ; enfin l'Angleterre n'auroit point à
redouter d'être déchirée par des factions et la guerre
civile, si l'on jugeoit de sa prospérité sur le luxe
oriental de ses négociants, et sur le produit de ses
douanes, qui, dans ces derniers temps, s'est accru
d'une manière aussi singulière que nouvelle, par la
taxe sur les marchandises anglaises qui, après avoir
été exportées, rentrent régulièrement l'année suivante faute d'être débitées. La valeur de ces marchandises rentrées en 1810 seulement s'est montée à 20 ou
21 millions sterling.

(13) Il n'est plus permis de douter que l'Angleterre
paie un subside à la Russie. Dans la chambre des
communes, formée en comité le 14 juillet dernier, le
chancelier de l'échiquier s'exprime ainsi :

« C'est particulièrement le Nord qui doit fixer l'at-
« tention du gouvernement; qu'il croit à la vérité
« que les sommes votées par le parlement dans la
« présente session pour le service militaire, seroient
« suffisantes pour les dépenses ordinaires, mais qu'il
« propose pourtant un nouveau vote de crédit de
« 3 millions, et qu'il soumet à cette fin à la chambre
« la résolution suivante :

« Qu'une somme qui n'excéderoit pas 3 millions st.
« seroit accordée à S. A. R. le prince régent, pour le
« mettre à même *de s'opposer aux desseins de l'en-*
« *nemi, selon que la position des affaires l'exi-*
« *gera*, et que cette somme seroit levée par des billets
« d'échiquier, et mise à compte des premiers secours
« consentis dans la prochaine session. »

La proposition fut adoptée. (*Moniteur du 22 juillet* 1812.)

Si l'on demande comment les Anglais peuvent
fournir ces trois millions de nouveaux subsides, il
n'y a pas d'autre réponse à faire que celle qui se
trouve dans la note du ministre des relations ext. à
M. le comte de Romanzow, du 25 avril 1812. « Le
« système de l'Angleterre triomphoit....., et l'octroi
« qui devoit fournir les moyens d'entretenir la guerre
« qu'elle avoit proclamée, *se percevoit sur les mers.*»

(14) Paul Iᵉʳ., vers la fin de son règne, avoit embrassé une politique beaucoup plus saine que celle

qu'il avoit précédemment suivie. Entrevoyant ce que les intérêts de l'Europe exigeoient de la part des cabinets, il conçut le projet d'une expédition dans les Grandes-Indes ; 25,000 cosaques, troupes qui certainement sont le plus faites pour une pareille entreprise, et 3000 chameaux, devoient en former l'avant-garde ; près de la moitié étoit partie d'Orenbourg, lorsque la mort imprévue de Paul fit abandonner une entreprise dont l'exécution auroit accéléré la fin de la guerre maritime, et probablement prévenu toutes les guerres qui depuis douze ans ont déchiré le continent.

(15) Qui pourroit douter que l'Angleterre verra dépérir sensiblement ses flottes orgueilleuses, sitôt qu'elle ne pourra plus tirer de la Russie ses bois de construction, et du Canada jusqu'à 4000 mâts par an ? On peut juger par ceci que la France avoit depuis longtemps le droit de traiter en ennemies les puissances qui mettoient la marine anglaise en état de lui faire la guerre ; mais le résultat que nous voyons à présent couronner la constance de l'empereur des Français, fait assez l'éloge de la sagesse avec laquelle le système continental est mis à exécution.

La clôture des ports de la Baltique et de l'Amérique donnera encore un autre avantage non moins réel à la France et au continent ; c'est que dès le moment où l'Angleterre ne pourra plus tirer de vivres des ports européens, elle sera obligée d'abandonner sans

8.

coup férir le Portugal ; la même époque mettra fin également aux troubles qui désolent le sol chevaleresque des Espagnes. Comment les Anglais pourront-ils alors y soutenir leurs armées et leurs partisans, puisqu'aujourd'hui un cheval entretenu en Portugal coûte deux piastres par jour (on compte 16,000 chevaux, ce qui fait 32,000 piastres par jour), et que le baril de farine, qui vaut 12 à 15 piastres en Amérique, se vend 45 piastres à Cadix ? Que l'on calcule le montant de cette dépense d'après la seule circonstance, que 600 vaisseaux de transport et 20,000 matelots anglais sont toujours en activité pour pourvoir aux besoins de l'armée de la péninsule. Si l'on considère que la nécessité urgente d'apporter des vivres dans ce pays pesoit déjà fortement sur l'Angleterre avant que ses relations avec les ports de la Baltique et de l'Amérique ne fussent entravées, on concevra que, ne pouvant plus en tirer des subsistances, elle se trouvera réduite à la famine, et forcée conséquemment d'abandonner le Portugal. Les efforts convulsifs qu'elle y fait dans ce moment, en sont le présage. « Et pour comble de malheur » (ainsi que M. Brougham dit dans la mémorable séance de la chambre des communes, du 16 juin dernier), « il est « encore une circonstance qui contribue beaucoup à « entretenir la disette en Angleterre, c'est l'inter- « ruption des secours que l'Amérique fournissoit en « farine à la péninsule ; l'embargo (américain) d'un « seul jour avoit haussé le prix du blé au marché de

« Lisbonne de 5o pour 100 , et 6000 quarts de fro-
« ment y furent immédiatement envoyés de ce pays. »

De plus, des transports chargés de vivres pour les
flottes de Lisbonne et de Cadix sont partis de Corck,
et le fait est remarquable , disent les papiers anglais ,
en ce qu'il prouve l'embarras du gouvernement pour
l'entretien de ces stations ; car , depuis quatre ans
c'est la première fois qu'il est dans la nécessité de
tirer des vivres d'Irlande pour les destinations dont
il s'agit ; jusqu'à présent leur approvisionnement étoit
assuré par les Américains , et voilà l'effet de la cessa-
tion de nos relations avec les Etats-Unis.

En effet, les embarras de l'Angleterre pour pourvoir aux subsistances de ses armées et de ses flottes ,
ne sont pas médiocres.

L'Egypte ne peut fournir qu'aux armées du Grand-
Seigneur , qui a pris dernièrement les mesures les
plus sévères pour empêcher l'exportation du blé.
Dans la Sicile un embargo a été mis sur la même
denrée , parce qu'elle n'étoit pas suffisante à l'entretien des troupes necessaires pour contenir le peuple
de cette île. Il ne reste donc plus que les états bar-
baresques, mais leurs récoltes peuvent à peine fournir
aux besoins des habitants de la péninsule en temps
de paix.

Les Anglais viennent de tourner leurs regards vers
les ports de la mer Noire pour en retirer du blé ;
mais pour cette année la saison est trop avancée pour

parcourir cette mer dangereuse , et d'ailleurs les Français ont déjà occupé les rives du Dniéper, fleuve principal sur lequel la Russie faisoit transporter ses grains à Odessa.

(16) Orsha est à 110 lieues de Kowno et à 120 de Moskwa ; ainsi, en vingt-trois jours ce corps d'armée avoit fait 110 lieues ; il n'y a peut-être pas d'exemple d'une marche aussi rapide. Les Russes reconnoîtront que le nom de leur vainqueur leur annonçoit déjà leur sort fatal , car Napoléon veut dire en russe *in acie primus* (le premier en bataille rangée). Sur des peuples à demi sauvages, la vertu militaire exerce toujours le plus grand empire ; il ne seroit pas étonnant de voir les Cosaques , dont les ames ne sont pas abruties comme celles des autres Russes par l'esclavage, rendre hommage au plus grand des guerriers qui, dans cette seule campagne , est allé plus loin que ne le fût jamais Alexandre-le-Grand.

(17) D'après cet aveu, la France pourroit-elle faire une paix, laquelle ne dureroit que jusqu'au moment où ses flottes marchandes couvrant l'océan, réveilleroient la jalousie des Anglais, et les feroient fondre dessus pour s'en emparer, semblables à ce serpent de l'Oronoquo, qui, suspendu entre les branches d'un arbre, tombe sur le paisible voyageur, lequel ne se doute pas même du péril dont il est menacé? Pourroit-elle faire la paix avec une nation qui a déjà pris pour prétexte de rupture que la France vouloit recréer sa marine? Il n'y a donc point de conciliation à espérer tant que la nouvelle Carthage existera, parce qu'elle n'épargnera ni l'or ni l'intrigue pour fomenter le trouble et la discorde; il ne reste point d'autre moyen pour obtenir une paix durable, que de la subjuguer, de la faire revenir à la position où elle se trouvoit avant le règne d'Elisabeth. Comme elle ne veut point partager avec nous le commerce universel, il faut détruire les machines à l'aide desquelles elle prétend anéantir notre industrie; il faut qu'elle soit divisée comme jadis en trois royaumes, trop heureuse encore, dans cette nouvelle position, d'invoquer en sa faveur ce même traité d'Utrecht, dont elle nous refuse la jouissance. Que les débris de sa fortune colossale servent à indemniser les peuples qu'elle a appauvris !

(18) Heureusement, pour notre continent, les ma-

nufactures ne feront jamais de progrès sensibles dans les pays favorisés situés entre les tropiques. Leur climat, la fertilité de leur sol, une facile exploitation des richesses de la nature, tout se réunit pour engager leurs habitants à abandonner aux Européens, avides de leurs productions, les travaux manufacturiels. Les échanges entre l'Europe et ces heureuses contrées ne feront qu'augmenter, sur-tout quand les administrations coloniales y seront remplacées par des gouvernements indépendants, dont les besoins sont beaucoup plus multipliés que ceux des premières.

Les Anglais, qu'on peut regarder comme d'excellents juges en fait de spéculations, sont tellement convaincus de cette vérité, qu'ils ont offert leurs secours aux Américains du sud qui cherchent à se rendre indépendants, malgré que cette offre puisse les brouiller avec leurs alliés de la Péninsule.

(19) Les preuves en sont, la Prusse en 1806, et l'Angleterre en 1812. Tout état qui, au lieu de favoriser ses productions territoriales, fait baser principalement ses revenus et sa prospérité sur les produits de ses fabriques et les gains de son commerce, au point de dérober à l'agriculture les hommes nécessaires pour en faire des artisans, rend son existence brillante peut-être, mais précaire, et ses finances seront sujettes aux caprices du siècle. Des fabricants et

ouvriers, arrachés à leurs métiers, ne forment ni bons soldats, ni bons laboureurs. L'Angleterre en auroit fait de ses artisans désœuvrés, si cette métamorphose étoit possible. Au lieu de cela, elle voit augmenter le nombre de ses pauvres dans la même proportion que les écoulemens diminuent, et elle se croira heureuse, s'ils ne s'emportent que jusqu'à détruire les métiers, qu'ils regardent comme les auteurs de leurs malheurs.

(20) Le dernier but vient d'être rempli par le rétablissement de la Pologne, et par la destruction de Moskwa. Quand même cette campagne n'aurait pas eu d'autres résultats que ceux-ci, ils suffiroient pour lui assigner une place éminente parmi les entreprises les plus bienfaisantes pour le genre humain, et dont le souvenir ne s'effacera jamais dans les ames des habitants du continent. Dès ce moment, ils n'ont plus à craindre que des *kniaz* viennent un jour se disputer leurs propriétés en leur faisant passer le joug de la *servitude*.

(21) Toutes ces différentes idées qui successivement ont conduit les hommes dans les combats, doivent le jour aux Européens du continent. Les Anglais n'ont enfanté que l'idée ridicule de l'équilibre politique, et la pensée monstrueuse de l'empire des mers, du monopole, et de l'isolement dans le com

merce. Nous devons aux conceptions de nos aïeux nos lumières, nos manufactures et nos richesses, à celles des Anglais le papier-monnaie, le système des emprunts et des subsides, enfin les dettes nationales qui pesent plus ou moins sur tous le peuples du continent.

W.

FIN.